하루 하나 꺼내 보는 우리나라 - 국어 교과서 편

펴낸일 2024년 7월 15일 초판 1쇄

지은이 에듀스토리
그린이 유미지
디자인 김은경
기획 및 책임 편집 임수정
펴낸이 황영아
펴낸곳 마카롱플러스 미디어
등록 2023. 5. 23
주소 서울시 광진구 아차산로 30길 36 2층 창업센터 102호
TEL 02) 400-3422 **FAX** 02) 460-2398

블로그 https://blog.naver.com/macaron_media
인스타그램 https://www.instagram.com/macaron.media
메일 media.macaron@gmail.com

천리길도 어휘력부터

하루 하나 꺼내 보는 우리나라

국어 교과서 편

지은이 **에듀스토리** | 그린이 **유미지**

이 책의 구성과 특징

우리나라의 대표 상징

한라산 백록담

우리나라에서 가장 높은 산의 화산호

해발 1,950m로 우리나라에서 가장 높은 한라산은 산꼭대기에 서면 은하수를 잡을 수 있는 산이라는 의미를 담고 있어요. 산 정상에는 하얀 사슴인 백록이 뛰놀았던 곳이라고 해서 이름이 붙여진 화산호가 하나 있는데요. 그것이 그 유명한 백록담이랍니다. 백록담은 우리나라에서 가장 높은 화산호로, 침식에 영향을 거의 받지 않고 잘 보존된 곳이라 그 학술 가치가 매우 큽니다. 천혜의 환경을 자랑하는 한라산은 1966년 한라산 천연보호구역으로 대한민국의 천연기념물에 등재되었고, 2007년에는 유네스코 세계자연유산으로 등재되어 세계인도 사랑하는 명산으로 자리 잡게 되었어요.

어휘 따라잡기

화산호 화산 작용으로 생긴 화구 속에 물이 괴어 생긴 호수.

침식 비, 하천, 빙하, 바람 따위의 자연 현상이 지표를 깎는 일.

유네스코 국제 연합 전문 기관의 하나. 교육, 과학, 문화의 보급과 국제 교류 증진을 통한 국제간의 이해와 세계 평화를 추구한다. 본부는 프랑스 파리에 있다.

등재 일정한 사항을 장부나 대장에 올림.

1 알맞은 어휘를 괄호 안에 써 보세요.

1) 화산 작용으로 생긴 화구 속에 물이 괴어 생긴 호수 (　　　　)

2) 국제 연합 전문 기관의 하나. 교육, 과학, 문화의 보급과 국제 교류 증진을 통한 국제간의 이해와 세계 평화를 추구한다. 본부는 프랑스 파리에 있다 (　　　　)

3) 일정한 사항을 장부나 대장에 올림 (　　　　)

4) 비, 하천, 빙하, 바람 따위의 자연 현상이 지표를 깎는 일 (　　　　)

38

01

국어 교과서에 나오는 용어를 사진과 그림으로 익혀요!

국어 교과서에 등장하는 용어들 중 익숙한 것도 있지만 평소 사용하지 않아 낯선 것도 꽤 있지요. 특히 우리나라와 밀접한 용어 중 어렵고 새로운 것들을 사진과 그림으로 한눈에 쏙 익힐 수 있어요.

02

우리나라 관련 용어에 대한 배경지식을 쌓아요!

국어 교과서에서 다루는 우리나라 관련 용어는 사회 과목과도 연계되어 어려울 수 있어요. 어려운 용어에 대한 개념을 습득한 후 배경지식을 쌓는다면 교과서가 좀 더 쉬워져요.

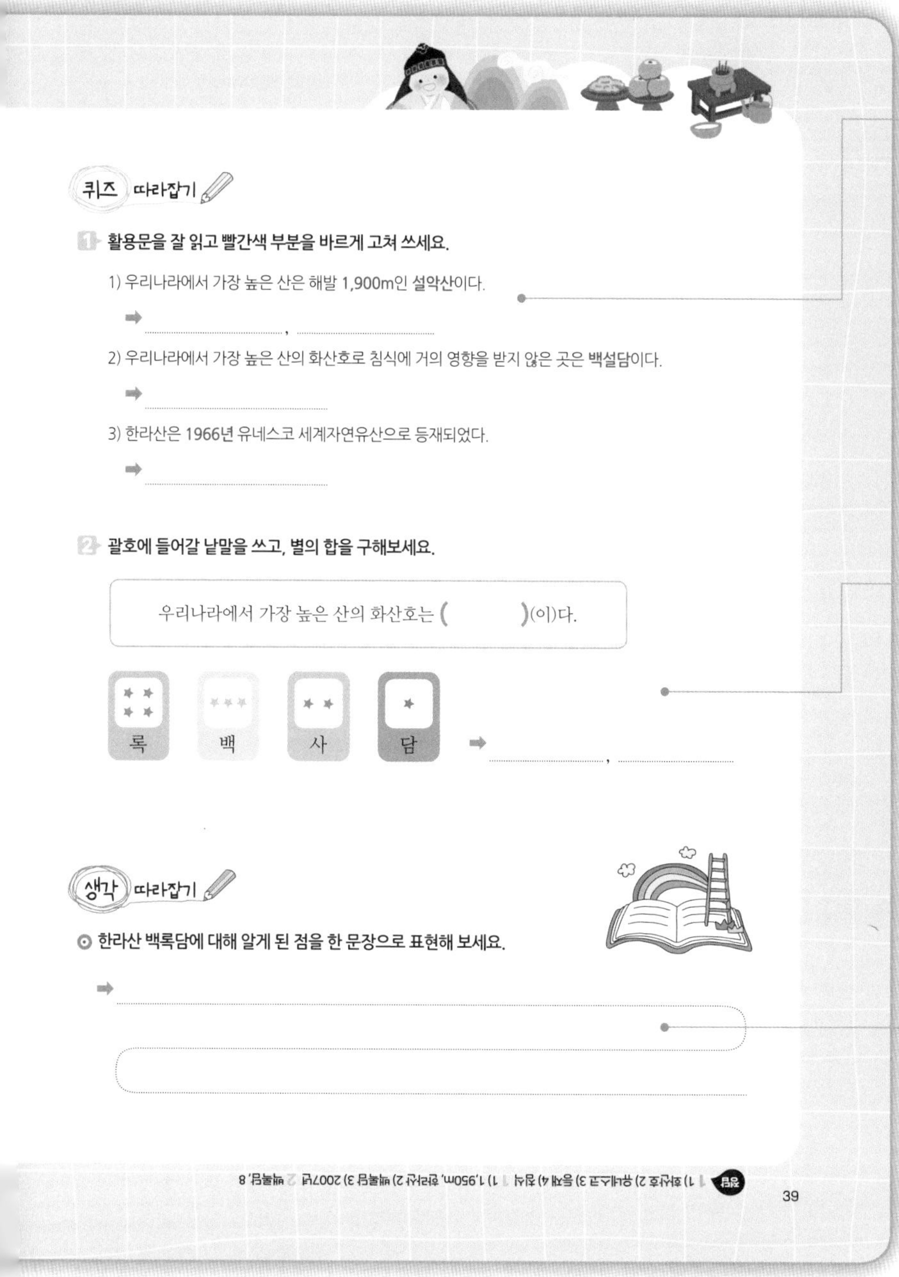

03

용어에 대한 핵심 개념을 확인하고 독해력을 키워요!

용어에 대한 개념을 꼼꼼하게 점검하는 퀴즈를 풀면서 집중력이 높아져요. 핵심 개념을 익히고 퀴즈 체크를 하면서 지문에 대한 독해력이 향상돼요.

퀴즈 따라잡기

1 활용문을 잘 읽고 빨간색 부분을 바르게 고쳐 쓰세요.

1) 우리나라에서 가장 높은 산은 해발 1,900m인 설악산이다.

➡ ...., ...

2) 우리나라에서 가장 높은 산의 화산호로 침식에 거의 영향을 받지 않은 곳은 백설담이다.

➡ ....

3) 한라산은 1966년 유네스코 세계자연유산으로 등재되었다.

➡ ....

04

융합적 퀴즈 활용으로 어휘에 대한 이해력을 향상시켜요!

본문에 나오는 어휘를 다양한 퀴즈 풀이로 재미있게 익혀봐요. 융합적 퀴즈 활용으로 어휘에 대한 집중력과 활용력이 향상돼요.

2 괄호에 들어갈 낱말을 쓰고, 별의 합을 구해보세요.

우리나라에서 가장 높은 산의 화산호는 (   )(이)다.

★★★★	★★★	★★	★
록	백	사	담

➡ ...., ...

05

서술형 한 문장 쓰기로 지문 요약하는 능력을 키워요!

지문에서 다룬 내용을 한 문장으로 정리하거나 나의 느낌을 요약해 봐요. 이 과정을 통해 학습 내용을 자기 것으로 만들 수 있어요.

생각 따라잡기

⊙ 한라산 백록담에 대해 알게 된 점을 한 문장으로 표현해 보세요.

➡ ....

정답 1 1) 화산호 2) 유네스코 3) 등재 4) 침식 1 1) 1,950m, 한라산 2) 백록담 3) 2007년 2 백록담, 8

39

목차

>>우리나라의 대표 상징

>>우리나라의 명절과 놀이

>>우리나라의 통과의례

>>우리나라의 옛날 직업

>>우리나라의 의식주

우리나라의 대표 상징

우리나라의
명절과 놀이

우리나라의
통과의례

우리나라의
옛날 직업

우리나라의
의식주

까치 우리나라에서 길조로 여기는 새

옛날부터 아침에 까치가 울면 좋은 일이 생기거나 반가운 손님이 온다고 해서 길조라고 생각했어요. '까치 까치 설날은 어저께고요. 우리 우리 설날은 오늘이래요'라는 노래 가사에도 나오듯, 설날 전날을 '까치설'이라고 해요. 또 어린아이들이 유치를 빼면 지붕 위로 던지곤 하는 풍습이 있었는데요. 까치가 유치를 가져가 새 이를 준다고 믿었기 때문이죠. 이렇듯 까치는 우리에게 매우 친숙한 새입니다. 또한 우리 조상들은 겨울 동안 까치와 날짐승들이 먹을 감 따위의 과일을 남겨두고 수확하곤 했는데요. 이를 두고 '까치밥'이라고 합니다.

어휘 따라잡기

길조 좋은 일을 가져온다고 여기는 새.
유치 유아기에 사용한 뒤 갈게 되어 있는 이.
여분 나머지.

1 **알맞은 어휘를 괄호 안에 써 보세요.**

1) 나머지 (　　　　　)

2) 유아기에 사용한 뒤 갈게 되어 있는 이 (　　　　　)

3) 좋은 일을 가져온다고 여기는 새 (　　　　　)

퀴즈 따라잡기

1 활용문을 잘 읽고 빨간색 부분을 바르게 고쳐 쓰세요.

1) **까마귀**는 우리나라에서 길조로 여기고 있다.

➡ ....

2) 까치설은 설날 **다음 날**이다.

➡ ....

3) 농가에서는 감을 수확한 후 **개구리밥**이라고 해서 감을 따지 않고 남겨 둔다.

➡ ....

2 괄호에 들어갈 낱말을 쓰고, 별의 합을 구해보세요.

우리나라에서 길조로 여기는 새는 (　　　　)(이)다.

★★	★★★	★★★★	★★★★★★
까	마	귀	치

 ...., ...

생각 따라잡기

⊙ 까치에 대해 알게 된 점을 한 문장으로 표현해 보세요.

➡

정답 1 1)어른 2)유치 3)길조 1 1)까치 2)전날 3)까치밥 2 까치, 8

단군 신화

단군의 출생과 즉위에 관련된 신화

환인의 아들 환웅이 태백산 신단수에 3천 명을 데리고 내려와 나라를 다스리고 있을 때였어요. 환웅은 사람이 되기를 원하는 곰과 호랑이에게 쑥과 마늘을 주며, 100일 동안 햇빛을 안 보고 동굴에서 지내면 사람으로 거듭날 수 있다고 하였어요. 이 시련을 참지 못한 호랑이는 동굴 밖으로 나가고 말았고, 이 시련을 이겨낸 곰은 21일 만에 사람으로 환생해 웅녀가 되었지요. 환웅과 웅녀 사이에 태어난 아들이 바로 우리 민족의 시조이자 태초의 임금인 단군이에요. 단군은 고조선이라는 부족을 세웠으며, 아사달에 도읍을 정한 후 약 2천 년 동안 유지되었어요.

어휘 따라잡기

즉위 임금이 될 사람이 예식을 치른 뒤 임금의 자리에 오름.
신단수 환웅이 처음 하늘에서 그 밑으로 내려왔다는 신성한 나무.
시조 맨 처음이 되는 조상.

1 **알맞은 어휘를 괄호 안에 써 보세요.**

1) 환웅이 처음 하늘에서 그 밑으로 내려왔다는 신성한 나무 (   )

2) 임금이 될 사람이 예식을 치른 뒤 임금의 자리에 오름 (   )

3) 맨 처음이 되는 조상 (   )

퀴즈 따라잡기

1 **활용문을 잘 읽고 빨간색 부분을 바르게 고쳐 쓰세요.**

1) 환웅이 사람이 되기를 원하는 곰과 호랑이에게 **콩과 팥**을 주며 100일 동안 햇빛을 안 보면 된다고 하였다.

➡ ....

2) 환웅과 웅녀 사이에 태어난 태초의 임금은 **환인**이다.

➡ ....

3) 단군은 아사달에 도읍을 정한 후 **고구려**를 세웠다.

➡ ....

2 **괄호에 들어갈 낱말을 쓰고, 별의 합을 구해보세요.**

우리 민족 태초의 임금인 (   )의 출생과 즉위에 관련된 신화는 (   ) 신화다.

★	★★★	★★	★★★★
단	오	군	절

➡ ...., ...

생각 따라잡기

⊙ 단군 신화에 대해 알게 된 점을 한 문장으로 표현해 보세요.

➡ ....

정답 1 1) 신단수 2) 홍익 3) 시조 1 1) 쑥과 마늘 2) 단군 3) 고조선 2 단군, 3

도깨비

동물이나 사람의 형상을 한 귀신의 하나

도깨비는 전래동화 속에 가장 많이 등장하는 이야기 속 주인공이에요. '금 나와라 뚝딱! 은 나와라 뚝딱!'하며 도움을 주는 착한 도깨비부터 밤새 귀한 식량을 다 먹고 신나게 놀다 도망가는 악당 같은 도깨비까지…. 도깨비는 이렇게 신비한 힘과 묘기를 부리는 재주로 사람을 홀리기도 하고, 심술궂은 짓도 많이 하지요.

도깨비에 대한 첫 기록은 삼국 시대로 거슬러 올라가는데요. 삼국 시대에는 궁궐이나 절의 기와에 무섭고 기괴한 도깨비의 문양을 새겨 넣어 귀신을 쫓아냈다고 해요. 조선 시대로 접어들며 도깨비는 도깨비방망이, 뿔난 도깨비 그리고 도깨비불 등으로 변신하면서 재미있고 친숙한 이야깃거리가 되었지요.

어휘 따라잡기

전래동화 예로부터 내려오는 어린이들을 위한 이야기.
신비 일이나 현상 따위가 보통의 생각으로는 도저히 이해할 수 없을 만큼 신기함.
기괴 모습이나 분위기가 아주 이상함.

1 알맞은 어휘를 괄호 안에 써 보세요.

1) 일이나 현상 따위가 보통의 생각으로는 도저히 이해할 수 없을 만큼 신기함 (　　　　)
2) 모습이나 분위기가 아주 이상함 (　　　　)
3) 예로부터 내려오는 어린이들을 위한 이야기 (　　　　)

퀴즈 따라잡기

1 활용문을 잘 읽고 빨간색 부분을 바르게 고쳐 쓰세요.

1) 도깨비는 동물이나 **불**의 형상을 한 귀신의 하나다.

➡ ....

2) 도깨비에 대한 첫 기록은 **조선 시대**에 나타난다.

➡ ....

3) 삼국 시대에는 궁궐이나 절의 **대문**에 도깨비 문양을 주로 새겨 넣었다.

➡ ....

2 괄호에 들어갈 낱말을 쓰고, 별의 합을 구해보세요.

동물이나 사람의 형상을 한 귀신의 하나는 (   )(이)다.

★	★★★	★★	★★★★★
도	깨	눈	비

➡ .... , ...

생각 따라잡기

⊙ 도깨비에 대해 알게 된 점을 한 문장으로 표현해 보세요.

➡ ....

정답 1 1) 신비 2) 기괴 3) 전래동화 1 1) 사람 2) 삼국 시대 3) 기와 2 도깨비, 9

무궁화

우리나라를 상징하는 꽃

무궁화는 아주 오래전부터 우리나라에서 많이 자라던 꽃이에요. 다른 꽃나무와는 달리 100일 가까이 끈질기게 꽃을 피우는 무궁화의 생명력은 정말 강인해요.

무궁화는 '영원히 피고 또 피어서 지지 않는 꽃'이라는 뜻을 담고 있어요. 어디에서나 잘 자라고, 매일 새 꽃을 피우는 모습이 우리 민족의 근면한 모습을 담고 있지요. 애국가에 '무궁화 삼천리 화려 강산'이란 가사가 나오듯 무궁화는 우리나라를 상징하는 대표적인 꽃으로 자리 잡고 있을 뿐 아니라 철도, 국가의 훈장 그리고 통신 위성 등에도 그 이름을 많이 사용하고 있어요.

어휘 따라잡기

강인하다 억세고 질기다.
생명력 생물체가 생명을 유지하여 나가는 힘.
통신 위성 대륙 간이나 원거리 사이의 전파 통신의 중계에 쓰는 인공위성.

1 알맞은 어휘를 괄호 안에 써 보세요.

1) 억세고 질기다 (　　　　　)

2) 생물체가 생명을 유지하여 나가는 힘 (　　　　　)

3) 대륙 간이나 원거리 사이의 전파 통신의 중계에 쓰는 인공위성 (　　　　　)

퀴즈 따라잡기

1 활용문을 잘 읽고 빨간색 부분을 바르게 고쳐 쓰세요.

1) 우리나라를 상징하는 꽃은 **장미**이다.

➡ ....

2) 무궁화는 '영원히 피고 또 피어서 **지는 꽃**'이라는 뜻을 담고 있다.

➡ ....

3) 무궁화는 철도나 **외국의 훈장** 그리고 통신 위성 등에서 그 이름이 자주 사용된다.

➡ ....

2 괄호에 들어갈 낱말을 쓰고, 별의 합을 구해보세요.

우리나라를 상징하는 꽃은 (   )(이)다.

궁

화

다

무

➡ ...., ...

생각 따라잡기

⊙ 무궁화에 대해 알게 된 점을 한 문장으로 표현해 보세요.

➡ ....

정답 1 1) 강인하다 2) 생명력 3) 통신 위성 1 1) 무궁화 2) 지지 않는 꽃 3) 국가의 훈장 2 무궁화, 9

민화

조선 후기 서민들이 주로 그렸던 실용적인 목적의 그림

민화는 조선 후기 사회적으로 새로운 변화가 시작되었던 시기에 서민들에게 벗이 되어 준 그림이에요. 상류층만이 누리던 사회·문화적 현상이 서민층으로도 확산되면서 민화가 유행하기 시작했어요. 서민들의 틀에 얽매이지 않은 소박함을 주로 표현한 민화는 전문 화가가 아닌 이름 없는 무명 화가들이 주로 그렸고, 서민들은 이 그림을 벽에 걸거나 병풍으로 만들어 집안을 장식했어요.

민화는 주로 호랑이, 까치, 꽃, 새, 물고기, 십장생 등 자연을 소재로 삼았어요. 까치와 호랑이는 귀신을 물리치고 좋은 소식을 전해 주며, 꽃은 가정이 화목해진다는 의미를 담고 있어요. 소박하고 파격적이며 익살스러운 것이 민화의 특징이지요.

어휘 따라잡기

실용 실제로 사용함
소박 꾸밈이나 거짓이 없음
십장생 오래 살고 죽지 않는다는 열 가지.
해, 산, 물, 돌, 구름, 소나무, 불로초, 거북, 학, 사슴

1 알맞은 어휘를 괄호 안에 써 보세요.

1) 실제로 사용함 (　　　　)

2) 꾸밈이나 거짓이 없음 (　　　　)

3) 오래 살고 죽지 않는다는 열 가지. 해, 산, 물, 돌, 구름, 소나무, 불로초, 거북, 학, 사슴
(　　　　)

퀴즈 따라잡기

1 활용문을 잘 읽고 빨간색 부분을 바르게 고쳐 쓰세요.

1) 민화는 조선 후기 **양반들**이 그린 실용적인 그림이다.

➡ ……………………

2) 서민들의 소박함을 표현한 민화는 주로 **전문 화가**들이 그렸다.

➡ ……………………

3) 민화는 주로 새, 물고기, 십장생 등의 **동물**을 소재로 삼았다.

➡ ……………………

2 괄호에 들어갈 낱말을 쓰고, 별의 합을 구해보세요.

서민들이 주로 그렸던 실용적인 목적의 그림은 (　　　　)(이)다.

민

들

레

화

 …………………… , ……………………

⊙ 민화에 대해 알게 된 점을 한 문장으로 표현해 보세요.

➡ ……………………

정답 1 1) 실용 2) 소박 3) 상징성 1 1) 서민들 2) 무명 화가 3) 자연 2 민화, 7

사물놀이

네 사람이 꽹과리, 징, 장구, 북을 가지고 어우러져 치는 민속놀이

사물놀이 공연을 본 적이 있나요? 네 가지의 타악기인 꽹과리, 징, 장구, 북의 리듬에 맞춰 흥을 돋우는 우리의 국악 공연이 바로 사물놀이지요. 국제적인 행사에서도 우리나라의 전통 공연으로 사물놀이를 많이 선보이고 있어요.

사물놀이에 쓰이는 악기 중 꽹과리는 천둥, 징은 바람, 북은 구름, 장구는 비를 의미해요. 꽹과리는 쇠로 만든 아담한 크기의 타악기로 그 소리가 찢어질 듯하게 커 지휘자의 역할뿐 아니라 시작과 끝을 알리는 역할을 하고요. 사물 중 어머니 역할을 하는 징은 꽹과리보다는 크고 천을 뭉툭하게 감은 채로 치기 때문에 '둥'하며 길고 웅장한 소리를 내요. 반면 북은 꽹과리와 장구가 신나게 연주할 수 있도록 리듬감 있게 중심을 잡아 주지요.

어휘 따라잡기

타악기 두드려서 소리를 내는 악기를 통틀어 이르는 말.
아담하다 몸가짐의 수준이 높고 훌륭하며 깨끗하다.
웅장한 규모 따위가 거대하고 큰.

1 알맞은 어휘를 괄호 안에 써 보세요.

1) 몸가짐의 수준이 높고 훌륭하며 깨끗하다 (　　　　　)

2) 규모 따위가 거대하고 큰 (　　　　　)

3) 두드려서 소리를 내는 악기를 통틀어 이르는 말 (　　　　　)

퀴즈 따라잡기

1 활용문을 잘 읽고 빨간색 부분을 바르게 고쳐 쓰세요.

1) 사물놀이는 **피아노**, **바이올린**, **리코더**, **심벌즈**를 가지고 어우러져 치는 민속놀이이다.

➡ ……………, ……………, ……………, ……………

2) 꽹과리는 크고 찢어질 듯한 소리를 내는 타악기로, 사물 중 **어머니** 역할을 한다.

➡ ……………

3) 사물놀이에 쓰이는 악기 중 **북**은 바람을, **장구**는 천둥을 의미한다.

➡ ……………, ……………

2 괄호에 들어갈 낱말을 쓰고, 별의 합을 구해보세요.

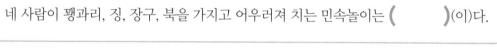

네 사람이 꽹과리, 징, 장구, 북을 가지고 어우러져 치는 민속놀이는 (   )(이)다.

➡ ……………, ……………

생각 따라잡기

⊙ **사물놀이에 대해 알게 된 점을 한 문장으로 표현해 보세요.**

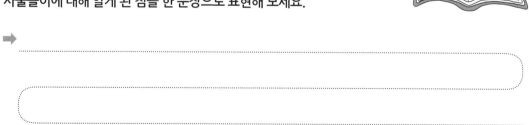

➡ ……………

정답 1 1) 아담하다 2) 웅장한 3) 타악기 1 1) 꽹과리, 징, 장구, 북 2) 지휘자 3) 징, 꽹과리 2 사물놀이, 14

삽사리 우리나라의 토종견

'삽살개'라고도 불리는 삽사리는 진돗개와 함께 우리나라의 토종견이에요. 온몸뿐만 아니라 얼굴도 긴 털로 덮여 있어, 눈이 잘 보이지 않는 게 특징이에요. 전체적으로 순하고 귀여운 이미지를 갖고 있어요. 그러나 성격은 충성심과 대담함 그리고 용맹스러운 면모를 갖추고 있어요.

'귀신과 액운을 쫓는 개'를 뜻하는 삽사리는 일제 강점기에 급격하게 그 수가 감소했어요. 일본이 개의 가죽을 사용하면서 멸종 위기까지 이르렀거든요. 그래서 현재 우리나라는 경산 삽사리를 천연기념물로 지정해 고유 혈통을 보호하고 있어요.

어휘 따라잡기

토종견 그 지방에서 예전부터 길러 오던 고유한 품종의 개.
대담 담력이 크고 용감함.
천연기념물 국가에서 지정하여 법률로 보호하는 동물, 식물, 지형 따위의 자연유산.

1 알맞은 어휘를 괄호 안에 써 보세요.

1) 담력이 크고 용감함 ( )
2) 그 지방에서 예전부터 길러 오던 고유한 품종의 개 ( )
3) 국가에서 지정하여 법률로 보호하는 동물, 식물, 지형 따위의 자연유산 ( )

퀴즈 따라잡기

1 활용문을 잘 읽고 빨간색 부분을 바르게 고쳐 쓰세요.

1) 삽사리는 삽살개라고도 하며, **시추**와 함께 우리나라의 토종견이다.

➡ ....

2) **진돗개**는 '귀신과 액운을 쫓는 개'라는 뜻이다.

➡ ....

3) **미국**이 개의 가죽을 사용하면서, **1950년**에 삽사리의 수가 급격하게 감소했다.

➡ ...., ...

2 괄호에 들어갈 낱말을 쓰고, 별의 합을 구해보세요.

우리나라의 토종견은 (   )(이)다.

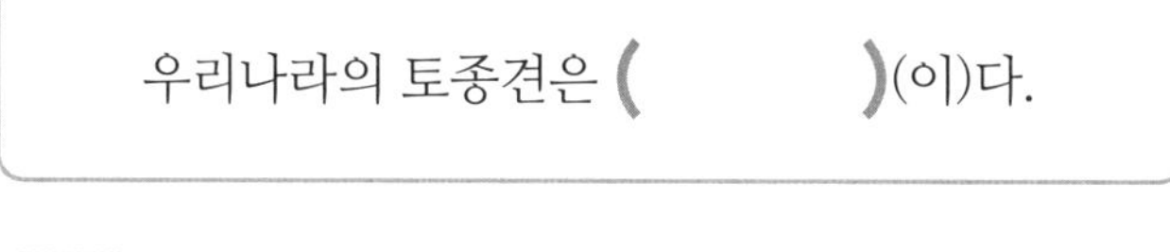

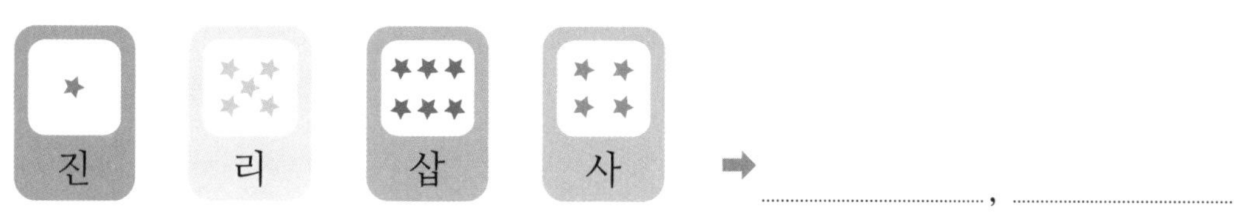

➡ ...., ...

생각 따라잡기

⊙ 삽사리에 대해 알게 된 점을 한 문장으로 표현해 보세요.

➡ ....

정답 1 1) 대답 2) 토종견 3) 천연기념물 1 1) 진돗개 2) 삽사리 3) 일본, 일제 강점기 2 삽사리, 15

세종대왕

세계에서 가장 과학적인 문자인 훈민정음을 창제한 조선 시대의 임금

우리나라의 문자를 누가 만들었는지 알고 있나요? 바로 만 원짜리 지폐의 주인공, 세종대왕이에요. 세종대왕은 백성들이 중국의 문자인 한자를 익혀 쓰는 데 어려움을 많이 겪는다고 생각했어요. 그래서 집현전 학자들에게 우리 백성들이 사용하기 쉬운 과학적이고 독창적인 글자를 만들라고 했지요. 그렇게 만들어진 것이 훈민정음이에요.

1443년에 창제되고, 1446년에 반포된 훈민정음은 '백성을 가르치는 바른 소리'라는 뜻입니다. 훗날 국어학자인 주시경 선생님이 훈민정음을 한글로 부르게 하였다고 해요.

어휘 따라잡기

집현전 조선 세종 때 만든 학문 연구 기관.
창제 전에 없던 것을 처음으로 만듦.
반포 세상에 널리 퍼뜨려 모두 알게 함.

1 알맞은 어휘를 괄호 안에 써 보세요.

1) 세상에 널리 퍼뜨려 모두 알게 함 (　　　　　　)
2) 조선 세종 때 만든 학문 연구 기관 (　　　　　　)
3) 전에 없던 것을 처음으로 만듦 (　　　　　　)

퀴즈 따라잡기

1 활용문을 잘 읽고 빨간색 부분을 바르게 고쳐 쓰세요.

1) 세계에서 가장 과학적이고 독창적인 문자를 만든 인물은 **세조**이다.

➡ ....

2) **한자**는 '백성을 가르치는 바른 소리'라는 뜻이다.

➡ ....

3) 세종대왕은 **1543년**에 훈민정음을 창제하였다.

➡ ....

2 괄호에 들어갈 낱말을 쓰고, 별의 합을 구해보세요.

세계에서 가장 과학적인 문자인 훈민정음을 창제한 조선 시대의 임금은 (　　　)(이)다.

➡ 

⊙ 세종대왕에 대해 알게 된 점을 한 문장으로 표현해 보세요.

➡ ....

정답 1 1) 반포 2) 집현전 3) 창제 1 1) 세종 2) 훈민정음 3) 1443년 2 세종대왕, 11

우리나라의 대표 상징

소나무

우리나라의 대표적인 침엽 상록수

건축재나 가구재로 많이 쓰이는 소나무는 일 년 동안 잎이 푸르고 오래 살아요. 그래서 옛 조상들은 장수를 의미하는 십장생의 하나로 소나무를 꼽았어요. 게다가 눈보라와 비바람에도 푸르른 모습이 변하지 않는 굳은 의지를 잘 나타낸다고도 생각했지요.

혹시 임금님에게 벼슬을 받은 소나무 이야기를 들어본 적 있나요? 바로 속리산 법주사 입구에 있는 '정이품송' 이야기인데요. 어느 날 조선 시대의 임금 세조가 탄 가마 행렬이 소나무 아래를 지나는데, 나뭇가지에 수레가 걸릴 거 같았다고 해요. 그러자 그 소나무가 스스로 가지를 들어 올려 임금님의 행렬이 무사히 지나갈 수 있었다고 해요. 이것을 본 임금 세조는 그 소나무에게 '정이품'이라는 벼슬을 주었고, 그때부터 이 소나무는 '정이품송'이라고 불렀대요.

어휘 따라잡기

침엽 상록수 바늘처럼 가늘고 길며 끝이 뾰족한 잎을 가진 사철 내내 푸르른 나무.
행렬 여럿이 줄지어 감. 또는 그런 줄.

1 알맞은 어휘를 괄호 안에 써 보세요.

1) 여럿이 줄지어 감. 또는 그런 줄 (　　　　)

2) 바늘처럼 가늘고 길며 끝이 뾰족한 잎을 가진 사철 내내 푸르른 나무 (　　　　)

퀴즈 따라잡기

1 활용문을 잘 읽고 빨간색 부분을 바르게 고쳐 쓰세요.

1) 우리나라의 대표적인 침엽 상록수는 **은행나무**이다.

➡ ……………………

2) 소나무는 십장생 중 하나로, **푸름**을 의미한다.

➡ ……………………

3) 세조에게 벼슬을 받은 소나무는 **정일품송**이라고 불린다.

➡ ……………………

2 괄호에 들어갈 낱말을 쓰고, 별의 합을 구해보세요.

우리나라의 대표적인 침엽 상록수는 (   )(이)다.

 …………………… , ……………………

생각 따라잡기

⊙ 소나무에 대해 알게 된 점을 한 문장으로 표현해 보세요.

➡ ……………………

정답 1 1) 행렬 2) 침엽 상록수 1 1) 소나무 2) 장수 3) 정이품송 2 소나무, 8

우리나라의 대표 상징

장승

나무나 돌로 사람의 모습을 본떠 만든 마을의 수호신

장승은 주로 마을이나 절 입구에서 볼 수 있어요. 사람의 모습을 띠며 주로 커다란 왕방울 눈에 매우 큰 코를 가진 얼굴을 하고 있지요. 화를 내는 것처럼 보이지만 실제 장승의 얼굴을 자세히 보면 익살맞게 웃고 있거나 찡그리고 있는 등 다양한 표정을 가지고 있어요.

사람들은 이런 장승이 마을이나 절 입구에 기세등등한 모습으로 서 있으면 전염병이나 나쁜 기운을 막아 준다고 생각했어요.

어휘 따라잡기

수호신 국가, 민족, 개인 등을 지키고 보호하여 주는 신.
익살 남을 웃기려고 일부러 하는 말이나 몸짓.
기세등등 기운이 매우 높고 힘찬 모양.

1 알맞은 어휘를 괄호 안에 써 보세요.

1) 기운이 매우 높고 힘찬 모양 (   )
2) 국가, 민족, 개인 등을 지키고 보호하여 주는 신 (   )
3) 남을 웃기려고 일부러 하는 말이나 몸짓 (   )

퀴즈 따라잡기

1 활용문을 잘 읽고 빨간색 부분을 바르게 고쳐 쓰세요.

1) 장승은 **플라스틱**으로 사람의 모습을 본떠 만든 마을의 수호신이다.

➡ ....

2) 장승은 **놀이터**에서 볼 수 있다.

➡ ....

3) **좋은 기운**이나 전염병이 도는 것을 막아 주는 것이 장승의 역할이다.

➡ ....

2 괄호에 들어갈 낱말을 쓰고, 별의 합을 구해보세요.

나무나 돌로 사람의 모습을 본 떠 만든 마을의 수호신은 (   )(이)다.

➡  ...., ...

생각 따라잡기

⊙ **장승에 대해 알게 된 점을 한 문장으로 표현해 보세요.**

➡ ....

정답 1 1) 기세등등 2) 수호신 3) 익살 1 1) 나무나 돌 2) 마을이나 절 입구 3) 나쁜 기운 2 장승, 5

탈춤 탈을 쓰고 노래를 하며 추는 춤

탈춤은 얼굴에 탈을 쓰고 추는 춤이에요. 우리 조상들은 한 해 농사의 풍년을 기원하며 농사 일에서 오는 피로와 시름을 춤과 노래로 풀었는데, 그것이 바로 탈춤이었지요. 탈춤을 추면서 서민들은 양반 사회의 잘못된 점을 비판하기도 하고 동고동락의 삶을 표현했어요. 탈을 쓰고 춤과 노래로 소망과 시름 그리고 익살스러움을 표현한 탈춤은 그 시대의 종합예술이라고 할 수 있어요. 대표적인 탈춤으로는 북청 사자놀음, 하회별신굿 탈놀이, 봉산탈춤 등이 있어요.

어휘 따라잡기

기원 바라는 일이 이루어지기를 빎.
시름 마음에 걸려 풀리지 않고 항상 남아 있는 근심과 걱정.
동고동락 괴로움도 즐거움도 함께함.

1 알맞은 어휘를 괄호 안에 써 보세요.

1) 마음에 걸려 풀리지 않고 항상 남아 있는 근심과 걱정 (　　　　　　)
2) 바라는 일이 이루어지기를 간절히 빎 (　　　　　　)
3) 괴로움도 즐거움도 함께함 (　　　　　　)

퀴즈 따라잡기

1 **활용문을 잘 읽고 빨간색 부분을 바르게 고쳐 쓰세요.**

1) 탈춤은 **그림과 무예**로 이루어진 우리나라의 전통 종합예술이다.

➡ ....

2) 탈춤을 추면서 **서민 사회**의 잘못된 점을 비판했다.

➡ ....

3) 대표적인 탈춤으로는 **북청 호랑이 놀음**, 하회별신굿 탈놀이 등이 있다.

➡ ....

2 **괄호에 들어갈 낱말을 쓰고, 별의 합을 구해보세요.**

탈을 쓰고 춤과 노래를 하는 전통 종합예술은 (　　　　)(이)다.

탈

춤

놀

이

➡ .... , ...

생각 따라잡기

⊙ **탈춤에 대해 알게 된 점을 한 문장으로 표현해 보세요.**

➡ ....

정답 1 1) 시름 2) 기원 3) 동고동락 1 1) 춤과 노래 2) 양반 사회 3) 북청 사자놀음 2 탈춤, 5

태권도

우리나라를 대표하는 무예

우리 조상들은 삼국 시대부터 무술로 몸을 단련했다고 해요. 손과 발의 기본 무술인 '수박'과 '태껸'이 시대를 거쳐 현재의 태권도로 발전했는데요. '뛰고 발로 차고 밟는다'라는 뜻을 담고 있는 '태' 자와 주먹 '권' 자를 써서 태권이라는 말이 만들어졌어요.

태권도의 기본 기술에는 발로 돌려차기, 뛰어차기 등과 손으로 막기, 찌르기 등이 있어요. 이러한 기술로 상대방의 허점을 순식간에 제압하는 태권도는 세계도 인정하는 우리만의 우수한 자랑거리예요. 그 우수성을 인정받은 태권도는 2000년에 열린 시드니 올림픽에서부터 올림픽 정식 종목으로 채택되었어요.

어휘 따라잡기

무예 무술 또는 무도를 통틀어 이르는 말.
허점 주의가 미치지 못하거나 틈이 생긴 구석.
제압 기세 따위를 억누르거나 통제함.

1 **알맞은 어휘를 괄호 안에 써 보세요.**

1) 주의가 미치지 못하거나 틈이 생긴 구석 (　　　　　　)
2) 무술 또는 무도를 통틀어 이르는 말 (　　　　　　)
3) 기세 따위를 억누르거나 통제함 (　　　　　　)

퀴즈 따라잡기

1 활용문을 잘 읽고 빨간색 부분을 바르게 고쳐 쓰세요.

1) 우리나라를 대표하는 무예는 **태극권**이다.

➡ ....

2) 태권도는 **태극** 또는 **호신술**에서 시작되었다.

➡ ...., ...

3) 태권도는 2000년 **홍콩** 올림픽에서부터 올림픽 정식 종목으로 채택되었다.

➡ ....

2 괄호에 들어갈 낱말을 쓰고, 별의 합을 구해보세요.

우리나라를 대표하는 무예는 (　　　　　)(이)다.

 ...., ...

생각 따라잡기

⊙ 태권도에 대해 알게 된 점을 한 문장으로 표현해 보세요.

➡ 

태극기

우리나라 국기

태극기는 여러 과정을 거쳐 오늘날의 태극기에 이르렀어요. 태극기는 조선 고종 때 조선의 왕을 상징하는 '태극 팔괘도'를 변형해 처음 사용했어요. 그후 1883년에 조선의 국기로 제정했다고 해요. 오늘날의 형태인 태극기를 대한민국 국기로 정식 공표한 것은 1949년 10월 15일이라고 해요.

태극기의 네 모서리에 그려진 4괘(四卦), 건곤감리(乾坤坎離)는 각각 하늘, 땅, 물, 불을 의미하고 가운데 그려진 태극 문양은 음과 양의 조화를 나타냅니다. 태극기의 흰 바탕색은 백의민족을 상징하며, 순수와 평화를 사랑하는 우리 민족성을 나타내지요. 태극기는 결국 우리의 얼굴이랍니다.

어휘 따라잡기

채택 작품, 의견, 제도 따위를 골라서 다루거나 뽑아 씀.
규격화 품질, 모양, 크기, 성능 따위를 일정한 표준이나 격식에 맞게 함.
백의민족 흰옷을 입은 민족이라는 뜻. 옛날 우리 민족이 흰옷을 즐겨 입은 데서 유래.

1 알맞은 어휘를 괄호 안에 써 보세요.

1) 작품, 의견, 제도 따위를 골라서 다루거나 뽑아 씀 (　　　　　　)

2) 품질, 모양, 크기, 성능 따위를 일정한 표준이나 격식에 맞게 함 (　　　　　　)

3) 흰옷을 입은 민족이라는 뜻. 옛날 우리 민족이 흰옷을 즐겨 입은 데서 유래 (　　　　　　)

퀴즈 따라잡기

1 활용문을 잘 읽고 빨간색 부분을 바르게 고쳐 쓰세요.

1) 지금의 태극기는 **세종** 때에 만들어졌다.

➡ ....

2) 오늘날의 태극기를 대한민국 국기로 정식 공표한 것은 **1959년 8월 15일**이다.

➡ ....

3) 태극기의 네 모서리에 그려진 건곤감리는 각각 **바다, 산, 들, 강**을 의미한다.

➡ ...., ..., ..., ...

2 괄호에 들어갈 낱말을 쓰고, 별의 합을 구해보세요.

> 우리나라를 대표하는 국기는 (　　　　)(이)다.

극

태

한

기

 ...., ...

생각 따라잡기

⊙ 태극기에 대해 알게 된 점을 한 문장으로 표현해 보세요.

➡

정답 **1** 1) 채택 2) 규격화 3) 백의민족 **1** 1) 고종 2) 1949년 10월 15일 3) 하늘, 땅, 물, 불 **2** 태극기, 9

우리나라의 대표 상징

한글

세종대왕이 만든 우리나라 최초의 과학적인 문자

세종어제훈민정음
나랏말ᄊᆞ미듕귁에달아
문ᄍᆞᆼ와로서르ᄉᆞᄆᆞᆺ디아니
ᄒᆞᆯᄊᆡ이런젼ᄎᆞ로어린ᄇᆡᆨ
셩이니르고져홇배이셔도
ᄆᆞᄎᆞᆷ내제ᄠᅳ들시러펴디몯
ᄒᆞᇙ노미하니라내이ᄅᆞᆯ윙ᄒᆞ
야어엿비너겨새로스믈여
듧ᄍᆞᆼᄅᆞᆯᄆᆡᇰᄀᆞ노니사ᄅᆞᆷ마다
ᄒᆡᅇᅧ수ᄫᅵ니겨날로ᄡᅮ메뼌
한킈ᄒᆞ고져홇ᄯᆞᄅᆞ미니라

훈민정음이라 불렸던 한글은 그 원리가 매우 과학적이어서 누구나 쉽게 배울 수 있는 문자랍니다. 처음 한글은 28자였지만 오늘날에는 24자만 사용해요. 닿소리는 ㄱ, ㄴ, ㄷ, ㄹ같이 혀에 닿는 소리인 자음을 뜻하고, 홀소리는 ㅏ, ㅑ, ㅓ, ㅕ같은 모음을 말해요. 닿소리와 홀소리를 모아서 하나의 글자를 만드는 것이 한글의 원리이지요. 이런 한글의 우수성을 널리 알리고 세종대왕의 업적을 기리고자 우리나라는10월 9일을 한글날로 지정하였어요.

어휘 따라잡기

닿소리 목, 입, 혀 따위의 발음 기관에 의해 구강 통로가 좁아지거나 완전히 막히는 따위의 장애를 받으며 나는 소리.

홀소리 국어에서는 'ㅏ', 'ㅓ', 'ㅗ', 'ㅜ' 등 음성의 최소 단위.

업적 어떤 사업이나 연구 따위에서 세운 실적.

1 알맞은 어휘를 괄호 안에 써 보세요.

1) 어떤 사업이나 연구 따위에서 세운 실적 (　　　　)

2) 국어에서는 'ㅏ', 'ㅓ', 'ㅗ', 'ㅜ' 등 음성의 최소 단위 (　　　　)

3) 목, 입, 혀 따위의 발음 기관에 의해 구강 통로가 좁아지거나 완전히 막히는 따위의 장애를 받으며 나는 소리 (　　　　)

퀴즈 따라잡기

1 활용문을 잘 읽고 빨간색 부분을 바르게 고쳐 쓰세요.

1) 한글을 처음에는 **훈민**이라고도 하였다.

➡ ....

2) 한글은 처음에 28자였지만 오늘날에는 **26자**만 사용한다.

➡ ....

3) 한글의 우수성과 세종대왕의 업적을 기리고자 **11월 19일**을 한글날로 지정하였다.

➡ ....

2 괄호에 들어갈 낱말을 쓰고, 별의 합을 구해보세요.

세종대왕이 만든 우리나라 최초의 과학적인 문자는 (   )(이)다.

대

한

사

글

➡ ...., ...

생각 따라잡기

⊙ **한글에 대해 알게 된 점을 한 문장으로 표현해 보세요.**

➡ ....

정답 1 1) 업적 2) 홀소리 3) 닿소리 1 1) 훈민정음 2) 24자 3) 10월 9일 2 한글, 7

한라산 백록담

우리나라에서 가장 높은 산의 화산호

해발 1,950m로 우리나라에서 가장 높은 한라산은 산꼭대기에 서면 은하수를 잡을 수 있는 산이라는 의미를 담고 있어요. 산 정상에는 하얀 사슴인 백록이 뛰놀았던 곳이라고 해서 이름이 붙여진 화산호가 하나 있는데요. 그것이 그 유명한 백록담이랍니다. 백록담은 우리나라에서 가장 높은 화산호로, 침식에 영향을 거의 받지 않고 잘 보존된 곳이라 그 학술 가치가 매우 큽니다. 천혜의 환경을 자랑하는 한라산은 1966년 한라산 천연보호구역으로 대한민국의 천연기념물에 등재되었고, 2007년에는 유네스코 세계자연유산으로 등재되어 세계인도 사랑하는 명산으로 자리 잡게 되었어요.

어휘 따라잡기

화산호 화산 작용으로 생긴 화구 속에 물이 괴어 생긴 호수.

침식 비, 하천, 빙하, 바람 따위의 자연 현상이 지표를 깎는 일.

유네스코 국제 연합 전문 기관의 하나. 교육, 과학, 문화의 보급과 국제 교류 증진을 통한 국제간의 이해와 세계 평화를 추구한다. 본부는 프랑스 파리에 있다.

등재 일정한 사항을 장부나 대장에 올림.

1 알맞은 어휘를 괄호 안에 써 보세요.

1) 화산 작용으로 생긴 화구 속에 물이 괴어 생긴 호수 (　　　　)

2) 국제 연합 전문 기관의 하나. 교육, 과학, 문화의 보급과 국제 교류 증진을 통한 국제간의 이해와 세계 평화를 추구한다. 본부는 프랑스 파리에 있다 (　　　　)

3) 일정한 사항을 장부나 대장에 올림 (　　　　)

4) 비, 하천, 빙하, 바람 따위의 자연 현상이 지표를 깎는 일 (　　　　)

퀴즈 따라잡기

1 활용문을 잘 읽고 빨간색 부분을 바르게 고쳐 쓰세요.

1) 우리나라에서 가장 높은 산은 해발 1,900m인 설악산이다.

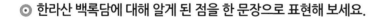

➡ ______________, ______________

2) 우리나라에서 가장 높은 산의 화산호로 침식에 거의 영향을 받지 않은 곳은 백설담이다.

➡ ______________

3) 한라산은 1966년 유네스코 세계자연유산으로 등재되었다.

➡ ______________

2 괄호에 들어갈 낱말을 쓰고, 별의 합을 구해보세요.

우리나라에서 가장 높은 산의 화산호는 (　　　　)(이)다.

 ______________, ______________

⊙ 한라산 백록담에 대해 알게 된 점을 한 문장으로 표현해 보세요.

➡ ______________

정답 1 1) 화산호 2) 유네스코 3) 등재 4) 천지 1 1) 1,950m, 한라산 2) 백록담 3) 2007년 2 백록담, 8

호랑이 우리나라의 용맹스러움을 대표하는 동물

우리나라의 전래동화에 자주 등장하는 호랑이는 무섭기도 하지만 용맹스러움을 대표하는 동물이지요. 전래동화 속 호랑이는 산에서 살며 사람들을 위협해 두려움에 떨게 하기도 하고, 사람을 잡아먹기도 하지요. 하지만 호랑이는 우리 민족과 매우 친숙한 동물이에요. 호랑이의 용맹스러움으로 재앙과 액운을 떨쳐 내기도 한 만큼 민화에는 호랑이가 자주 등장한답니다.

하지만 안타깝게도 일제 강점기 때 일본인들의 호랑이 사냥과 6·25 전쟁으로 호랑이 서식지가 파괴되면서 우리나라 대부분의 호랑이가 사라졌다고 해요.

어휘 따라잡기

재앙 천재지변으로 인한 불행한 사고.
액운 나쁜 일 당할 운수.
서식지 생물 따위가 일정한 곳에 자리를 잡고 사는 곳.

1 알맞은 어휘를 괄호 안에 써 보세요.

1) 천재지변으로 인한 불행한 사고 (　　　　)
2) 생물 따위가 일정한 곳에 자리를 잡고 사는 곳 (　　　　)
3) 나쁜 일 당할 운수 (　　　　)

퀴즈 따라잡기

1 활용문을 잘 읽고 빨간색 부분을 바르게 고쳐 쓰세요.

1) 전래동화에 자주 등장하는 **늑대**는 용맹스러움을 대표하는 동물이다.

➡ ……………………

2) **서양화**에는 호랑이가 자주 등장한다.

➡ ……………………

3) 우리나라에서는 일제 강점기 때 일본인들의 호랑이 사냥과 **4·19 혁명**으로 호랑이 서식지가 많이 파괴되었다.

➡ ……………………

2 괄호에 들어갈 낱말을 쓰고, 별의 합을 구해보세요.

우리나라의 용맹스러움을 대표하는 동물은 (　　　　)(이)다.

➡  ……………………, ……………………

생각 따라잡기

⊙ 호랑이에 대해 알게 된 점을 한 문장으로 표현해 보세요.

➡ ……………………

정답 1 1) 호랑이 2) 민화 3) 6·25 전쟁 2 호랑이, 9

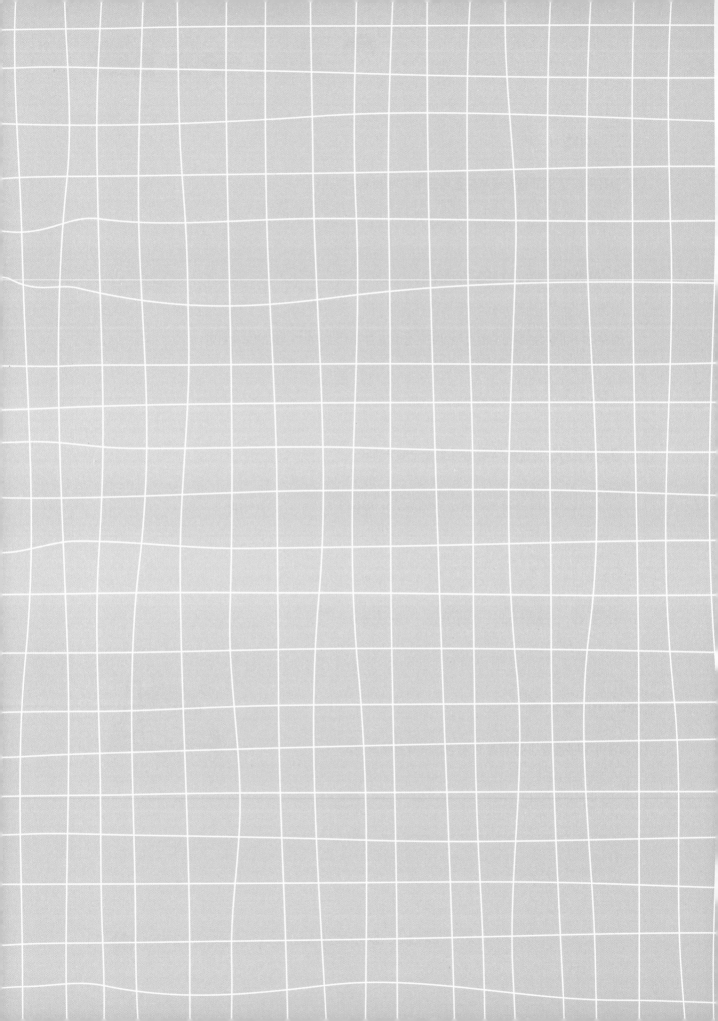

우리나라의
대표 상징

우리나라의 명절과 놀이

우리나라의
통과의례

우리나라의
옛날 직업

우리나라의
의식주

설날 음력 1월 1일로 우리나라의 대표적인 명절

음력 1월 1일로 우리나라의 대표적인 명절 설날은 아침 일찍 일어나 설빔을 깨끗하게 차려입고 조상들께 차례를 드리는 날이에요. 그 후 "새해 복 많이 받으세요"라고 말하며 웃어른께 새해 인사인 세배를 하지요. 세배 후 어른들은 아이들에게 덕담하며 세뱃돈을 주시고요.

설날에는 오래오래 건강하게 살라는 의미에서 긴 가래떡을 어슷하게 썰어 떡국을 만들어 먹어요. 설날의 대표 음식인 떡국을 먹어야 한 살을 더 먹는다고 해요.

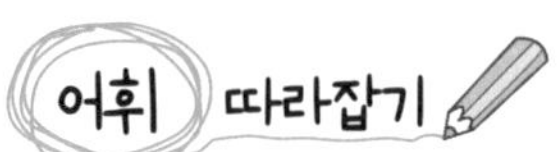

음력 달이 지구를 한 바퀴 도는 시간을 기준으로 만든 달력.
양력 지구가 태양을 한 바퀴 도는 시간을 일 년으로 하는 달력.
설빔 새해를 맞이하여 설날 아침에 새것으로 갈아입는 옷.

1 알맞은 어휘를 괄호 안에 써 보세요.

1) 새해를 맞이하여 설날 아침에 새것으로 갈아입는 옷 (　　　　　　)
2) 지구가 태양을 한 바퀴 도는 시간을 일 년으로 하는 달력 (　　　　　　)
3) 달이 지구를 한 바퀴 도는 시간을 기준으로 만든 달력 (　　　　　　)

퀴즈 따라잡기

1 활용문을 잘 읽고 빨간색 부분을 바르게 고쳐 쓰세요.

1) 설날은 **양력** 1월 1일로 새해가 시작되는 날이다.

➡ ....

2) 설날에는 **설빙**을 입고 웃어른에게 세배를 한다.

➡ ....

3) 설날의 대표 음식은 가래떡으로 만든 **떡볶이**다.

➡ ....

2 설날과 연관된 낱말을 모두 찾아 ◯ 하세요.

생각 따라잡기

⊙ 설날에 대해 알게 된 점을 한 문장으로 표현해 보세요.

➡ ....

....

정답 1 1) 설날 2) 양력 3) 음력 1 1) 음력 2) 설빔 3) 떡국 2 새해, 덕담, 1월 1일

윷놀이

네 개의 윷가락을 던져 승부를 겨루는 설날의 대표적인 놀이

도, 개, 걸, 윷, 모! 놀이에 참여하는 사람들은 편을 나눠 차례대로 "윷 나와라! 모 나와라!"하고 외치면서 네 개의 윷가락을 던져요. 말판을 두고 어느 편의 말이 가장 먼저 최종점에 도달하는지 내기를 한답니다. '도, 개, 걸, 윷, 모'가 무엇인지 궁금하지요? '도'는 돼지, '개'는 개, '걸'은 양, '윷'은 소 그리고 '모'는 말을 의미해요. 우리나라의 농경 생활과 밀접한 가축들의 이름에서 유래했다고 전해지지요. 조상들은 농사일이 없는 한가한 시기에 풍년을 기원하고자 윷놀이를 했다고 해요.

어휘 따라잡기

농경 논밭을 갈아 농사를 지음.
풍년 곡식이 잘 자라고 잘 익어 평년보다 수확이 많은 해.
기원 바라는 일이 이루어지기를 빎.

1 알맞은 어휘를 괄호 안에 써 보세요.

1) 곡식이 잘 자라고 잘 익어 평년보다 수확이 많은 해 (   )

2) 바라는 일이 이루어지기를 빎 (   )

3) 논밭을 갈아 농사를 지음 (   )

퀴즈 따라잡기

1 활용문을 잘 읽고 빨간색 부분을 바르게 고쳐 쓰세요.

1) 설날의 대표적인 놀이는 **그네 타기**이다.

➡ ……………………………

2) 윷놀이는 도, 개, 걸, 윷, 모 **다섯 개**의 윷가락을 던지며 하는 놀이이다.

➡ ……………………………

3) 윷놀이는 **흉년**을 기원하는 마음에서 시작되었다.

➡ ……………………………

2 윷놀이과 연관된 낱말을 모두 찾아 ○ 하세요.

내기	설날	말판
바둑	소나무	싸움

생각 따라잡기

⊙ 윷놀이에 대해 알게 된 점을 한 문장으로 표현해 보세요.

➡

정답 1 1) 풍년 2) 기원 3) 농경 1 1) 윷놀이 2) 네 개 3) 풍년 2 내기, 설날, 말판

연날리기

바람을 이용하여 연을 하늘 높이 띄우는 놀이

연은 주로 음력 1월 1일 설날부터 본격적으로 날리기 시작해서 음력 1월 15일 전에 절정에 달한답니다. 아이들은 가오리연, 방패연 등을 만들어 멀리 날리는데, 연을 끊어 먹기도 하면서 끊어진 연실을 걷느라고 남의 집 담장을 넘거나 지붕 위를 올라가는 등 말썽이 생기기도 했답니다. 연날리기는 음력 1월 15일이 지나면 하지 않는데요. 연에 나쁜 일을 떠나보내고 복을 맞이한다는 뜻의 '송액영복(送厄迎福)'을 쓴 후 얼레에 감겨 있던 실을 끊어서 연을 멀리 날려 보냈다고 해요.

어휘 따라잡기

절정 사물의 진행이나 발전이 최고의 경지에 달한 상태.
담장 집이나 일정한 공간을 둘러막기 위하여 흙, 돌, 벽돌 따위로 쌓아 올린 것.
얼레 연줄, 낚싯줄 따위를 감는 데 쓰는 기구.

1 **알맞은 어휘를 괄호 안에 써 보세요.**

1) 집이나 일정한 공간을 둘러막기 위하여 흙, 돌, 벽돌 따위로 쌓아 올린 것 (　　　　)

2) 연줄, 낚싯줄 따위를 감는 데 쓰는 기구 (　　　　)

3) 사물의 진행이나 발전이 최고의 경지에 달한 상태 (　　　　)

1 활용문을 잘 읽고 빨간색 부분을 바르게 고쳐 쓰세요.

1) 연날리기는 주로 **여름**에 하던 민속놀이다.

➡ ....

2) 연날리기는 음력 1월 1일 설날부터 **1월 10일** 전에 절정에 달한다.

➡ ....

3) 연에 나쁜 일을 보내고 **복도 보낸다**고 써서 날린다.

➡ ....

2 연날리기와 연관된 낱말을 모두 찾아 ◯ 하세요.

가오리	방패	오징어
송액영복	아빠	고래

⊙ 연날리기에 대해 알게 된 점을 한 문장으로 표현해 보세요.

➡ ....

제기차기

술 모양의 제기를 발로 차며 즐기는 설날의 민속놀이

제기는 엽전이나 동전을 헝겊이나 한지로 싼 후 끝을 여러 갈래로 찢어 술 모양으로 만든 거예요. 제기차기는 이렇게 만든 제기를 발로 차며 즐기는 놀이에요. 제기차기는 남자 어린이들이 설날에 주로 하던 겨울철 놀이지요.

놀이 방법으로는 제기를 한 번 차고 땅을 딛고, 또 차고 땅을 딛고 하는 땅강아지법, 제기를 차는 발이 땅에 닿지 않게 차올리는 헐렁이법, 양발을 번갈아서 제기를 차는 양발차기법 등 다양해요. 결국 오래 차는 사람이 이기지요. 오늘날에는 주로 비닐로 만든 제기를 사서 하기도 해요.

어휘 따라잡기

한지 우리나라 고유의 제조법으로 만든 종이.
엽전 놋쇠로 만든 옛날 돈. 둥글고 납작하며 가운데에 네모진 구멍이 있음.
술 옷 따위에 장식으로 다는 여러 가닥의 실.

1 알맞은 어휘를 괄호 안에 써 보세요.

1) 놋쇠로 만든 옛날 돈. 둥글고 납작하며 가운데에 네모진 구멍이 있음 (　　　　　)
2) 우리나라 고유의 제조법으로 만든 종이 (　　　　　)
3) 옷 따위에 장식으로 다는 여러 가닥의 실 (　　　　　)

퀴즈 따라잡기

1 활용문을 잘 읽고 빨간색 부분을 바르게 고쳐 쓰세요.

1) 제기차기는 **구슬**을 헝겊이나 한지로 싸서 발로 차는 놀이이다.

➡ ……………………

2) 제기차기는 **여자** 어린이들이 설날에 주로 하던 겨울철 놀이이다.

➡ ……………………

3) 오늘날에는 주로 **흰색 천**으로 만든 제기를 사서 한다.

➡ ……………………

2 제기차기와 연관된 낱말을 모두 찾아 ○ 하세요.

술	구렁이	천 원
겨울철	땅강아지법	삽사리

⊙ 제기차기에 대해 알게 된 점을 한 문장으로 표현해 보세요.

➡ ……………………

정답 1 1) 엽전 2) 한지 3) 술 1 1) 엽전이나 동전 2) 남자 3) 비닐 2 술, 겨울철, 땅강아지법

투호

항아리에 화살을 던져 승부를 가리는 전통 놀이

투호는 넓은 마당에 항아리를 놓고 사람들이 편을 갈라 10걸음 떨어진 곳에서 화살을 던져 누가 항아리 안에 더 많이 넣는지 겨루는 놀이예요. 남자들이 많이 했지만, 외부 출입이 자유롭지 않았던 옛날에 여자들도 집 안에서 즐겨 하던 전통 놀이예요. 요즘도 명절에 고궁이나 민속촌에서 항아리나 플라스틱 통을 이용해 투호 놀이 하는 것을 쉽게 볼 수 있어요. 과거 천 원권 지폐와 교과서에도 실릴 정도로 대표적인 민속놀이이며, 지금까지도 대중적으로 즐기는 놀이랍니다.

어휘 따라잡기

출입 어느 곳을 드나듦.
고궁 옛 궁궐.
대중적 수많은 사람의 무리를 중심으로 한 것.

1 알맞은 어휘를 괄호 안에 써 보세요.

1) 옛 궁궐 (　　　　　)
2) 어느 곳을 드나듦 (　　　　　)
3) 수많은 사람의 무리를 중심으로 한 것 (　　　　　)

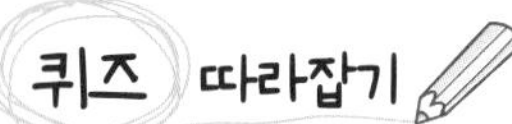

1 **활용문을 잘 읽고 빨간색 부분을 바르게 고쳐 쓰세요.**

1) 투호는 **화병**에 화살을 던져 승부를 가리는 놀이이다.

➡ ……………………

2) 투호는 **남자들만** 했던 전통 놀이이다.

➡ ……………………

3) 전통적인 민속놀이인 투호는 과거 **만 원권** 지폐에도 실렸다.

➡ ……………………

2 **투호와 연관된 낱말을 모두 찾아 ○ 하세요.**

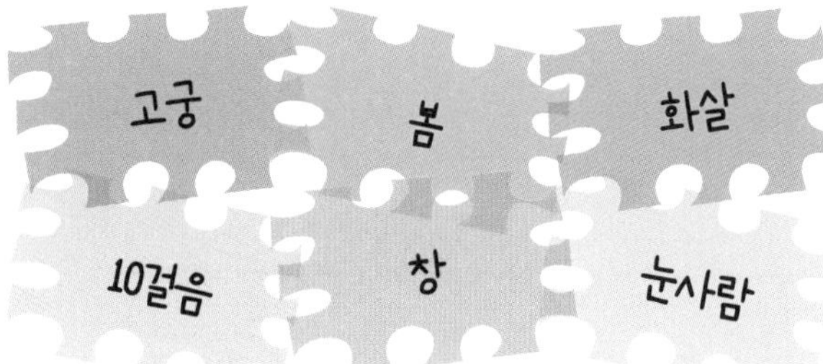

⊙ **투호에 대해 알게 된 점을 한 문장으로 표현해 보세요.**

➡ ……………………

정답 1 1) 고궁 2) 출입 3) 대중적 1 1) 항아리 2) 남자와 여자들 3) 천 원권 2 고궁, 화살, 10걸음

정월 대보름

음력 1월 15일로 우리나라 주요 명절 중 하나

옛날부터 달의 모양을 보며 농사를 지어 온 우리 조상들에게 정월 대보름은 설날과 함께 중요한 명절 중 하나였어요. 열두 달 중 첫 보름달이 뜨는 이날에는 짚이나 솔가지 등으로 높이 쌓은 달집을 지어 놓아요. 아이들은 뒷산에 올라가 달맞이를 한 후 높이 쌓아 올린 달집에 불을 지르며 노는 달집태우기를 하지요.

정월 대보름의 대표적인 놀이로는 쥐불놀이가 있어요. 아이들은 긴 막대기 끝에 불을 달고 빙빙 돌리죠. 놀이가 끝나면 논과 밭에 불을 놓아 잡초와 해충을 포함한 서식지를 다 태우는데, 남은 재는 논과 밭의 거름이 되어 풍년이 드는 데 도움이 되지요.

어휘 따라잡기

짚 벼, 보리, 밀, 조 따위의 이삭을 떨어낸 줄기와 잎.
해충 인간의 생활에 해를 끼치는 벌레를 통틀어 이르는 말.
서식지 생물 따위가 일정한 곳에 자리를 잡고 사는 곳.

1 알맞은 어휘를 괄호 안에 써 보세요.

1) 생물 따위가 일정한 곳에 자리를 잡고 사는 곳 (　　　　　)
2) 벼, 보리, 밀, 조 따위의 이삭을 떨어낸 줄기와 잎 (　　　　　)
3) 인간의 생활에 해를 끼치는 벌레를 통틀어 이르는 말 (　　　　　)

퀴즈 따라잡기

1 활용문을 잘 읽고 빨간색 부분을 바르게 고쳐 쓰세요.

1) 정월 대보름은 음력 **1월 25일**이다.

➡ ....

2) 달집태우기 외에도 **나무 태우기 놀이**가 정월 대보름의 대표적인 놀이이다.

➡ ....

3) 쥐불놀이 후 남은 재는 **흉년**에 도움이 되었다.

➡ ....

2 정월 대보름과 연관된 낱말을 모두 찾아 ◯ 하세요.

소	보름달	쥐불놀이
달맞이	땅거미	소리

생각 따라잡기

⊙ 정월 대보름에 대해 알게 된 점을 한 문장으로 표현해 보세요.

➡ ....

정답 1 1) 서식지 2) 짚 3) 해충 1 1) 1월 15일 2) 쥐불놀이 3) 풍년 2 보름달, 쥐불놀이, 달맞이

오곡밥과 부럼

정월 대보름의 대표 음식

정월 대보름에 먹는 오곡밥은 다섯 가지 곡식인 쌀, 팥, 콩, 수수, 조를 넣고 만든 밥이에요. 지역에 따라서 대보름날 먹기도 하고, 보름 전날 저녁에 먹기도 해요. 그리고 여름에 말려두었던 호박, 무, 가지 등의 나물을 삶아 정월 대보름에 무쳐 먹으면 다가올 여름에 더위를 타지 않는다고 해요.

또 부럼 깨기 풍속도 있는데요. 정월 대보름날 아침에 생밤, 호두, 땅콩 등을 깨물어 먹으면 이도 튼튼해지고 부스럼이 나지 않는다고 해요. 부럼 깨기는 오늘날에도 계속 이어지고 있는 풍속이지요.

부럼 음력 정월 대보름날 새벽에 깨물어 먹는 딱딱한 열매류인 땅콩, 호두, 잣, 밤, 은행 따위를 통틀어 이르는 말.

부스럼 피부에 나는 종기를 통틀어 이르는 말.

1 알맞은 어휘를 괄호 안에 써 보세요.

1) 피부에 나는 종기를 통틀어 이르는 말 (　　　　)

2) 음력 정월 대보름날 새벽에 깨물어 먹는 딱딱한 열매류인 땅콩, 호두, 잣, 밤, 은행 따위를 통틀어 이르는 말 (　　　　)

퀴즈 따라잡기

1 활용문을 잘 읽고 빨간색 부분을 바르게 고쳐 쓰세요.

1) 정월 대보름의 대표 음식은 **송편과 햇과일**이다.

➡ ....

2) 오곡밥에는 쌀, 팥, 콩, **옥수수**, **보리**를 넣는다.

➡ ...., ...

3) 정월 대보름날 아침에 생밤, 호두, 땅콩 등을 깨물어 먹으면 이도 튼튼해지고 **여드름**이 나지 않는다.

➡ ....

2 오곡밥, 부럼과 연관된 낱말을 모두 찾아 ○ 하세요.

귤 / 호두 / 수박 / 초승달 / 개미 / 정월 대보름

⊙ 오곡밥과 부럼에 대해 알게 된 점을 한 문장으로 표현해 보세요.

➡ ....

정답 1 1)부스럼 2)부럼 1 1)오곡밥과 부럼 2)수수, 조 3)부스럼 2 호두, 정월 대보름

삼짇날

음력 3월 3일로 강남 갔던 제비가 돌아오는 날

삼짇날은 본격적인 봄이 시작하는 음력 3월 3일이에요. 이날만큼은 여자들도 자유롭게 나가 놀 수 있었어요. 파릇파릇 새싹이 돋고 푸른 산과 들에 분홍색 진달래가 만발하는 봄이 오면 우리 옛 조상들도 꽃놀이를 했어요. 꽃놀이는 다른 말로 화류놀이 또는 화전놀이라고도 해요.

삼짇날에는 산과 들로 나가 찹쌀 반죽에 진달래 꽃잎을 얹고 둥글게 빚어 참기름에 지진 화전이나 진달래 화채를 만들어 먹어요. 또 부드러운 쑥잎을 따서 찹쌀가루와 섞은 후 쪄서 만든 쑥떡을 먹으며 즐거운 하루를 보내지요.

어휘 따라잡기

만발 꽃이 활짝 다 핌.
반죽 가루에 물을 부어 부드럽게 만듦.
화채 꿀이나 설탕물에 과일이나 먹을 수 있는 꽃을 뜯어 넣고 잣을 띄운 음료.

1 알맞은 어휘를 괄호 안에 써 보세요.

1) 가루에 물을 부어 부드럽게 만듦 (　　　　　)

2) 꿀이나 설탕물에 과일이나 먹을 수 있는 꽃을 뜯어 넣고 잣을 띄운 음료 (　　　　　)

3) 꽃이 활짝 다 핌 (　　　　　)

퀴즈 따라잡기

1 활용문을 잘 읽고 빨간색 부분을 바르게 고쳐 쓰세요.

1) 삼짇날은 강남 갔던 **까마귀**가 돌아오는 날이다.

➡ ....

2) 여자들도 자유롭게 나가 놀 수 있었던 날은 **설날**이다.

➡ ....

3) 삼짇날에는 참기름에 지진 **개나리** 화전과 화채를 먹는다.

➡ ....

2 삼짇날과 연관된 낱말을 모두 찾아 ◯ 하세요.

장미 | 화류놀이 | 진달래 화채
여자들 | 개나리 | 송아지

⊙ 삼짇날에 대해 알게 된 점을 한 문장으로 표현해 보세요.

➡ ....

정답 1 1) 반죽 2) 화채 3) 만발 1 1) 제비 2) 삼짇날 3) 진달래 2 화류놀이, 진달래 화채, 여자들

한식 조상들을 기억하며 산소를 돌보는 날

한식은 설날, 단오, 추석과 함께 4대 명절 중 하나예요. 동짓날로부터 105일째 되는 날이기도 하지요. 보통 4월 5일 혹은 6일쯤이에요. 한식에는 불을 사용하지 않고 찬 음식을 먹는 풍습이 있어서 전날 미리 음식을 준비해 두었다가 먹지요.

한식날에는 조상들의 산소에 가서 제사를 지내며 조용히 하루를 보내요. 산소 주변에 수북이 자란 풀도 베어주며 산소 주변도 정리하고 여름 장마에 피해가 없도록 대비하지요.

어휘 따라잡기

산소 죽은 사람을 묻은 다음 흙을 덮어 작은 언덕을 만든 것.
풍습 풍속과 습관을 아울러 이르는 말.
대비 앞으로 일어날지도 모르는 어떠한 일에 대응하기 위하여 미리 준비함.

1 알맞은 어휘를 괄호 안에 써 보세요.

1) 풍속과 습관을 아울러 이르는 말 (　　　　)
2) 앞으로 일어날지도 모르는 어떠한 일에 대응하기 위하여 미리 준비함 (　　　　)
3) 죽은 사람을 묻은 다음 흙을 덮어 작은 언덕을 만든 것 (　　　　)

1 활용문을 잘 읽고 빨간색 부분을 바르게 고쳐 쓰세요.

1) 설날, 단오, 추석과 함께 **삼짇날**은 우리나라 4대 명절 중 하나이다.

➡ ……………………………………

2) 동짓날로부터 **100일째** 되는 날이 한식이다.

➡ ……………………………………

3) 한식에는 **뜨거운** 음식을 먹는다.

➡ ……………………………………

2 한식과 연관된 낱말을 모두 찾아 ○ 하세요.

핫초코	산소	찬 음식
피자	참기름	4월 5일 혹은 6일

⊙ **한식에 대해 알게 된 점을 한 문장으로 표현해 보세요.**

➡

정답 1 1) 풍습 2) 대비 3) 산소 1 1) 한식 2) 105일째 3) 차가운 2 산소, 찬 음식, 4월 5일 혹은 6일

단오 음력 5월 5일로 창포물에 머리 감는 날

정월 대보름이 달의 축제라고 하면, 단오는 여름이 시작되는 태양의 축제라고 할 수 있어요. 단옷날의 대표 음식으로는 산에서 수리취나 쑥을 뜯어 만든 수레바퀴 모양의 수리취떡과 앵두를 넣어 만드는 새콤달콤한 앵두화채가 있어요.

여러분은 혹시 창포를 알고 있나요? 6~7월에 옥수수 모양의 연한 녹색 꽃이 피는 향기로운 식물인데요. 단옷날에는 이 창포를 삶은 물로 머리를 감았어요. 창포물에 머리를 감으면 머릿결도 좋아지고 향긋한 냄새가 난다고 해요. 또 창포 뿌리로 만든 비녀를 꽂으면 여름 동안 더위도 먹지 않고 건강하게 지낼 수 있다고 믿었어요.

어휘 따라잡기

수리취 국화과 식물로 9~10월에 흰색 또는 자주색 꽃이 피고 어린잎은 먹기도 함.
앵두 앵두나무의 열매. 모양이 작고 둥글다. 붉게 익으면 식용하며, 잼 · 주스 등의 원료로 쓴다.
비녀 여자의 쪽 찐 머리가 흘러내리지 않도록 꽂는 긴 모양의 장신구.

1 알맞은 어휘를 괄호 안에 써 보세요.

1) 모양이 작고 둥글다. 붉게 익으면 식용하며, 잼 · 주스 등의 원료로 쓴다 (　　　　)
2) 국화과 식물로 9~10월에 흰색 또는 자주색 꽃이 피고 어린잎은 먹기도 함 (　　　　)
3) 여자의 쪽 찐 머리가 흘러내리지 않도록 꽂는 긴 모양의 장신구 (　　　　)

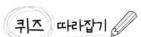

1 활용문을 잘 읽고 빨간색 부분을 바르게 고쳐 쓰세요.

1) 창포물로 머리를 감는 단오는 음력 **5월 1일**이다.

➡ ……………………………

2) 단옷날에는 앵두화채와 **부엉이떡**을 먹는다.

➡ ……………………………

3) 단옷날에는 창포 뿌리로 만든 **빗**을 머리에 꽂는다.

➡ ……………………………

2 단오와 연관된 낱말을 모두 찾아 ◯ 하세요.

창포물 / 사슴 / 앵두화채 / 들쥐 / 바가지 / 머리 감는 날

⊙ 단오에 대해 알게 된 점을 한 문장으로 표현해 보세요.

➡ ……………………………

정답 1 1) 앵두 2) 수리취 3) 비녀 1 1) 5월 5일 2) 수리취떡 3) 비녀 2 창포물, 앵두화채, 머리 감는 날

씨름과 그네 타기

단오의 대표적인 놀이

단오는 4대 명절 중 하나이기도 하고 여름이 시작될 무렵의 큰 행사예요. 단옷날에는 남녀노소 할 것 없이 고운 옷을 입고 그네 타기를 해요. 단오에 "모기야, 가거라!"를 외치며 그네를 타면 모기에 물리지 않고 더위도 타지 않으며 여름을 잘 보낼 수 있었다고 해요. 또 다른 단오의 대표적인 놀이로 씨름이 있어요. 젊고 힘센 장정 두 사람이 샅바를 잡고 힘과 재주를 부려 먼저 넘어뜨리는 것으로 승부를 겨루는 우리 고유의 운동이지요.

이 외에도 단오에는 봉산탈춤, 송파산대놀이, 양주별산대놀이 같은 탈춤과 가면극들이 각 지역에서 펼쳐지면서 즐거운 축제 분위기가 되지요.

어휘 따라잡기

무렵 대략 어떤 시기와 일치하는 즈음.

장정 나이가 젊고 기운이 좋은 남자.

샅바 씨름에서, 허리와 다리에 둘러 묶어서 손잡이로 쓰는 천.

1 알맞은 어휘를 괄호 안에 써 보세요.

1) 나이가 젊고 기운이 좋은 남자 (　　　　　)

2) 씨름에서, 허리와 다리에 둘러 묶어서 손잡이로 쓰는 천 (　　　　　)

3) 대략 어떤 시기와 일치하는 즈음 (　　　　　)

퀴즈 따라잡기

1 **활용문을 잘 읽고 빨간색 부분을 바르게 고쳐 쓰세요.**

1) 단오의 대표적인 놀이는 **취불놀이**와 그네 타기이다.

➡ ....

2) **씨름**을 하면서 "모기야, 가거라!" 하고 외친다.

➡ ....

3) 장정 두 사람이 **줄넘기**를 잡고 힘을 겨루는 놀이는 씨름이다.

➡ ....

2 **씨름, 그네 타기와 연관된 낱말을 모두 찾아 ◯ 하세요.**

단오 아들 콩쥐

호랑이 춘향이 봉산탈춤

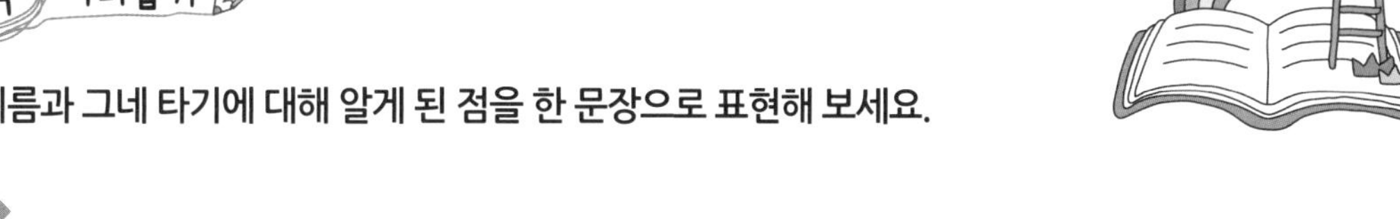

⊙ 씨름과 그네 타기에 대해 알게 된 점을 한 문장으로 표현해 보세요.

➡ ....

추석

음력 8월 15일로 우리나라 명절 중 가장 으뜸인 명절

추석은 한가위 또는 중추절이라고도 해요. 가을의 한가운데 있다는 뜻이지요. '더도 말고, 덜도 말고, 늘 한가위만 같아라'라는 속담이 있어요. 먹을 것, 입을 것, 놀 것이 풍성해서 추석은 일 년 중 가장 으뜸인 명절이지요. 추석날에는 반달 모양의 송편과 햇과일, 햇곡식으로 음식을 장만하여 조상에게 차례도 지내요.

추석날 밤 보름달이 뜨면 사람들은 둥근 달을 보며 소원을 빌어요. 또 여러 사람이 함께 손을 잡고 빙빙 돌면서 춤을 추고 노래를 부르며 강강술래도 해요. 추석에 하는 민속놀이인 강강술래는 2009년에 유네스코 세계무형문화유산으로도 지정되었어요.

어휘 따라잡기

장만 필요한 것을 사거나 만들거나 하여 갖춤.
유산 죽은 사람이 남겨 놓은 재산.
지정하다 가리키어 확실하게 정하다.

1 알맞은 어휘를 괄호 안에 써 보세요.

1) 죽은 사람이 남겨 놓은 재산 (　　　　　　)
2) 필요한 것을 사거나 만들거나 하여 갖춤 (　　　　　　)
3) 가리키어 확실하게 정하다 (　　　　　　)

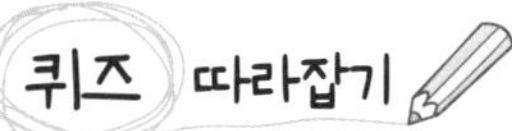

1 활용문을 잘 읽고 빨간색 부분을 바르게 고쳐 쓰세요.

1) 추석은 한가위 또는 **중간절**이라고 한다.

➡ ....

2) 추석날 차례상에 올리는 떡은 반달 모양의 **개피떡**이다.

➡ ....

3) 2009년 유네스코 세계무형문화유산으로 지정된 민속놀이는 **술래잡기**이다.

➡ ....

2 추석과 연관된 낱말을 모두 찾아 ◯ 하세요.

팥죽	차례	햇과일
지우개	달팽이	한가위

⊙ 추석에 대해 알게 된 점을 한 문장으로 표현해 보세요.

➡ ....

정답 1 1) 유산 2) 장만 3) 지정하다 1 1) 중추절 2) 송편 3) 강강술래 2 차례, 햇과일, 한가위

닭싸움 놀이

왼쪽 발목을 손으로 잡고 외다리로 뛰면서 상대를 넘어뜨리는 놀이

옛날에는 주로 남자들이 했던 놀이지만 요즘은 남녀 모두 즐겨요. 왼쪽 발목이나 발을 두 손으로 무릎 높이까지 들어 올리고, 한쪽 발만 땅에 딛고 뛰면서 이동하면 되는데요. 그렇게 상대방과 부딪혀 상대방을 넘어뜨리거나 상대방이 다리 잡은 손을 놓치게 되면 이기는 것이지요. 일대일로 하거나 여럿이서 편을 나눠서 하기도 하고, 인원수가 많으면 토너먼트 형식으로도 진행한답니다. 주로 운동장이나 공터와 같이 편평한 곳에서 닭싸움 놀이를 하지요.

어휘 따라잡기

승부 이김과 짐.

토너먼트 경기를 할 때마다 진 편은 제외하고 이긴 편끼리 겨루어 마지막까지 남은 두 편 중 이기는 팀이 우승자가 되는 경기 방식.

공터 비어 있는 땅.

1 알맞은 어휘를 괄호 안에 써 보세요.

1) 경기를 할 때마다 진 편은 제외하고 이긴 편끼리 겨루어 마지막까지 남은 두 편 중 이기는 팀이 우승자가 되는 경기 방식 (　　　　)

2) 이김과 짐 (　　　　)

3) 비어 있는 땅 (　　　　)

퀴즈 따라잡기

1 활용문을 잘 읽고 빨간색 부분을 바르게 고쳐 쓰세요.

1) 닭싸움 놀이는 **오른쪽 발목**을 손으로 잡고 외다리로 뛰면서 상대를 넘어뜨리는 놀이이다.

➡ ....

2) 옛날에는 주로 남자들이 했던 놀이지만 요즘은 **여자**가 하는 놀이이다.

➡ ....

3) 닭싸움 놀이는 편평한 곳에서 할 수 **없다**.

➡ ....

2 닭싸움 놀이와 연관된 낱말을 모두 찾아 ○ 하세요.

토너먼트	신생아	왼쪽 발목
공터	숙제	초등학교

생각 따라잡기

⊙ **닭싸움 놀이에 대해 알게 된 점을 한 문장으로 표현해 보세요.**

➡ ....

정답 1 1) 토너먼트 2) 승부 3) 공터 1 1) 왼쪽 발목 2) 남녀 3) 있다 2 토너먼트, 왼쪽 발목, 공터

동지

양력 12월 22일이나 23일로, 밤이 가장 길고 낮이 가장 짧은 날

동지는 일 년 중 밤이 가장 긴 날이에요. 날씨가 춥고 밤이 길어 호랑이가 교미한다고 하여 '호랑이 장가가는 날'이라고도 해요. 동지에는 찹쌀로 동그란 새알 모양의 새알심을 넣고 팥죽을 끓여요. 팥죽을 만들면 먼저 고사를 지내고 집 안 곳곳에 놓아두었다가 나중에 가족들과 먹어요. 집 안에 팥죽을 두면 붉은색을 싫어하는 귀신을 쫓는 데 효과가 있다고 믿었어요.

교미 동물의 암컷과 수컷의 짝짓기.

새알심 팥죽 따위에 넣어 먹는 새알만 한 덩이. 보통 찹쌀가루나 수수가루로 동글동글하게 만든다.

고사 나쁜 운은 없어지고 풍요와 행운이 오도록 집안에서 섬기는 신(神)에게 음식을 차려 놓고 비는 제사.

1 알맞은 어휘를 괄호 안에 써 보세요.

1) 팥죽 따위에 넣어 먹는 새알만 한 덩이. 보통 찹쌀가루나 수수가루로 동글동글하게 만든다 (   )

2) 나쁜 운은 없어지고 풍요와 행운이 오도록 집안에서 섬기는 신(神)에게 음식을 차려 놓고 비는 제사 (   )

3) 동물의 암컷과 수컷의 짝짓기 (   )

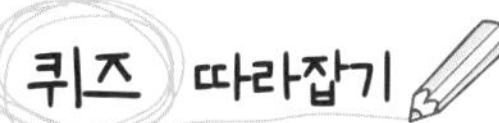

1 활용문을 잘 읽고 빨간색 부분을 바르게 고쳐 쓰세요.

1) 날씨가 춥고 밤이 가장 **짧은** 날이 동지이다.

➡ ....

2) 동지에는 새알심을 만들어 **호박죽**을 먹는다.

➡ ....

3) 집 안에 팥죽을 두면 **고양이**를 쫓는 데 효과가 있다.

➡ ....

2 동지와 연관된 낱말을 모두 찾아 ◯ 하세요.

밤	고사	사자
학원	선생님	12월 22일

⊙ **동지에 대해 알게 된 점을 한 문장으로 표현해 보세요.**

➡ ....

정답 1 1) 새알심 2) 고사 3) 꼬리 1 1) 긴 2) 팥죽 3) 귀신 2 밤, 고사, 12월 22일

우리나라의
대표 상징

우리나라의
명절과 놀이

우리나라의 통과의례

우리나라의
옛날 직업

우리나라의
의식주

금줄 아이를 낳았을 때 부정한 것을 막기 위해 문에 매던 새끼줄

옛날 우리 조상들은 어떻게 아기를 낳았을까요? 상상하기 어렵겠지만 과거에는 산파의 도움을 받아 집에서 아기를 낳았어요.

아기가 태어나면 아버지는 짚으로 엮은 새끼줄을 꼬아 대문에 금줄을 걸었어요. 금줄에 빨간 고추가 걸려 있으면 아들을, 솔가지가 걸려 있으면 딸의 탄생을 알리는 것이었지요. 이때부터 7일씩 세 번이 지난 삼칠일이 지날 때까지 이 금줄을 대문에 걸어 사람들의 출입을 금했어요. 새로 태어난 아기와 엄마에게 외부의 병균이나 나쁜 것들이 들어오는 것을 막기 위해서지요. 엄마는 그동안 좋은 음식과 미역국을 먹으며 몸조리를 하고, 새로 탄생한 아기에게 위생적인 환경을 만들어 주고자 최선을 다한답니다.

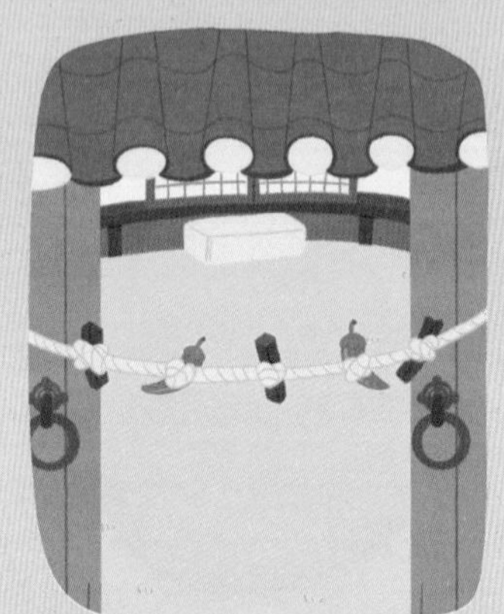

어휘 따라잡기

산파 아이를 낳을 때, 아이를 받고 산모를 도와주는 일을 직업으로 하던 여자.
금줄 아이를 낳았을 때 부정한 것을 막기 위해 문에 매던 새끼줄.
위생 깨끗한 환경이 되도록 대책을 세우는 일.

1 알맞은 어휘를 괄호 안에 써 보세요.

1) 깨끗한 환경이 되도록 대책을 세우는 일 (   )

2) 아이를 낳았을 때 부정한 것을 막기 위해 문에 매던 새끼줄 (   )

3) 아이를 낳을 때, 아이를 받고 산모를 도와주는 일을 직업으로 하던 여자 (   )

퀴즈 따라잡기

1 활용문을 잘 읽고 빨간색 부분을 바르게 고쳐 쓰세요.

1) 과거에는 아이를 낳을 때 **병원**의 도움을 받았다.

➡ ……………………

2) 아이가 태어나면 21일 동안 **은줄**을 대문에 걸어 사람의 출입을 금하였다.

➡ ……………………

3) 금줄에 빨간 고추를 달면 **딸**을, 솔가지를 달면 **아들**의 탄생을 의미했다.

➡ ……………… , ………………

2 아래 낱말 중 금줄과 관련된 것을 찾고, 해당하는 낱자를 조합하여 글자를 완성하세요.

ㄱ	ㄴ	ㅡ	ㅁ
탄생	크리스마스	아들, 딸	고추, 솔가지

➡ ……………………

생각 따라잡기

⊙ 금줄에 대해 알게 된 점을 한 문장으로 표현해 보세요.

➡ ……………………………………………………

정답 1 1) 위생 2) 금줄 3) 산파 1 1) 산파 2) 금줄 3) 아들, 딸 2 금

돌 아이가 태어난 날로부터 일 년이 되는 날

아이의 첫 생일날 건강하게 자라게 해 달라는 의미를 담아 음식을 풍성히 차려 돌잔치를 해요. 아이는 아주 특별한 돌복을 입어요. 딸은 다홍색 치마에 색동저고리, 아들은 풍차바지에 분홍저고리나 색동저고리를 입지요.

돌잔치의 가장 중요한 풍습으로 돌잡이가 있는데요. 돌잡이는 돌상을 차리고 아이에게 물건을 마음대로 골라잡게 해 아이의 미래를 예측해 보는 풍습이에요. 예전에는 남녀 공통적인 돌잡이 물건으로 실 꾸러미와 국수, 곡식과 돈을 사용했어요. 아들은 공부와 무예 관련 물건을, 딸은 집안일 관련 물건을 추가로 놓았지요. 오늘날에는 마이크, 돈, 청진기, 골프공 등 부모님의 바람을 나타내는 다양한 물건을 추가하기도 한답니다.

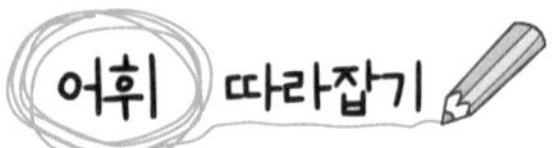

풍차바지 뒤가 터진 형태의 바지. 어린아이에게 입히기 편리하게 되어 있다.
예측 미리 헤아려 짐작함.
바람 어떤 일이 이루어지기를 기다리는 간절한 마음.

1 알맞은 어휘를 괄호 안에 써 보세요.

1) 미리 헤아려 짐작함 (　　　　　)

2) 어떤 일이 이루어지기를 기다리는 간절한 마음 (　　　　　)

3) 뒤가 터진 형태의 바지. 어린아이에게 입히기 편리하게 되어 있다 (　　　　　)

퀴즈 따라잡기

1 활용문을 잘 읽고 빨간색 부분을 바르게 고쳐 쓰세요.

1) 아이가 태어난 날로부터 일 년이 되는 날을 **복날**이라고 한다.

➡ ....

2) 돌잔치에서 아이의 미래를 예측하고자 아이에게 물건을 골라 잡게 하는 것을 **돌상**이라고 한다.

➡ ....

3) 남녀 돌잡이에 공통으로 사용되던 물건은 **돈**, **쌀**, **마이크**이다.

➡ ...., ..., ..., ...

2 아래 낱말 중 돌과 관련된 것을 찾고, 해당하는 낱자를 조합하여 글자를 완성하세요.

➡ ....

⊙ 돌에 대해 알게 된 점을 한 문장으로 표현해 보세요.

➡ ....

정답 1 1) 예측 2) 바람 3) 풍차바지 1 1) 돌 2) 돌잡이 3) 실 꾸러미, 국수, 곡식, 돈 2 독

관례

아이에서 어른이 되었음을 인정받는 성인 의식

여러분은 성년의 날을 알고 있나요? 우리나라에서는 19세가 된 남녀에게 성인이 된 것을 축하하고 책임감을 일깨워 주는 목적으로 5월 셋째 주 월요일을 성년의 날로 지정했어요. 과거 고려와 조선 시대에도 성년의 날과 비슷한 성년 의식인 '관례'가 있었어요. 이때 성인이 된 남자에게는 댕기 머리 대신 상투를 달아주고, 여자에게는 댕기 머리 대신 비녀를 꽂아 주는 의식을 통해 성인식을 진행하였지요. 이런 관례를 통해 성인이 되면 축하와 함께 책임과 의무도 주어졌어요.

어휘 따라잡기

성년 만 19세 이상의 나이.
상투 장가든 남자가 머리털을 끌어 올려 정수리 위에 틀어 감아 맨 것.
댕기 길게 땋은 머리의 끝에 드리는 장식용 헝겊이나 끈.

1 알맞은 어휘를 괄호 안에 써 보세요.

1) 장가든 남자가 머리털을 끌어 올려 정수리 위에 틀어 감아 맨 것 (　　　　)
2) 길게 땋은 머리의 끝에 드리는 장식용 헝겊이나 끈 (　　　　)
3) 만 19세 이상의 나이 (　　　　)

퀴즈 따라잡기

1 활용문을 잘 읽고 빨간색 부분을 바르게 고쳐 쓰세요.

1) 5월 셋째 주 월요일은 **어머니**의 날이다.

➡ ....

2) 옛날에는 지금의 성년의 날과 비슷한 의식을 가리켜 **혼례**라고 하였다.

➡ ....

3) 관례에서 남자는 댕기 머리 대신 **머리띠**를, 여자는 비녀를 꽂아 주는 의식을 행하였다.

➡ ....

2 아래 낱말 중 관례와 관련된 것을 찾고, 해당하는 낱자를 조합하여 글자를 완성하세요.

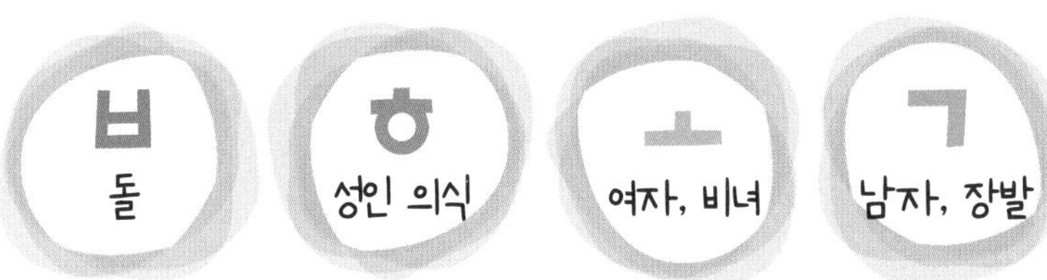

➡ ....

생각 따라잡기

⊙ 관례에 대해 알게 된 점을 한 문장으로 표현해 보세요.

➡ ....

정답 1 1) 상투 2) 댕기 3) 성년 1 1) 성년 2) 관례 3) 상투 2 호

혼례

신랑과 신부가 부부가 되는 것을 알리는 인생에서 가장 중요한 의식

옛날에는 결혼식을 '혼례'라고 불렀으며, 인생에서 가장 큰 경사인 '인륜지대사'라고 생각했어요. 혼례는 보통 신부의 집에서 진행해요. 신부는 공주가 입는 화려한 활옷과 원삼을 입고, 족두리를 머리에 쓰고, 얼굴에 연지와 곤지를 찍고 신랑을 맞이하지요. 신랑은 사랑을 약속하는 기러기를 신부에게 전달한 후, 서로 마주 보고 절을 하며 백년해로할 것을 맹세해요. 마지막으로 표주박에 담긴 술을 서로 나눠 마시지요. 이런 과정을 거친 두 사람은 진정한 부부로 거듭나게 되지요.

어휘 따라잡기

활옷 전통 혼례 때에 새색시가 입는 예복.
원삼 부녀 예복의 하나로 연두색 길에 자주색 깃과 색동 소매를 달고 옆을 튼 것.
족두리 예복을 입을 때에 머리에 얹던 관의 하나.
백년해로 부부가 되어 한평생을 사이좋게 지내고 즐겁게 함께 늙음.

1 알맞은 어휘를 괄호 안에 써 보세요.

1) 예복을 입을 때에 머리에 얹던 관의 하나 (　　　　　)
2) 부녀 예복의 하나로 연두색 길에 자주색 깃과 색동 소매를 달고 옆을 튼 것 (　　　　　)
3) 전통 혼례 때에 새색시가 입는 예복 (　　　　　)
4) 부부가 되어 한평생을 사이좋게 지내고 즐겁게 함께 늙음 (　　　　　)

퀴즈 따라잡기

1 활용문을 잘 읽고 빨간색 부분을 바르게 고쳐 쓰세요.

1) 신랑과 신부가 부부가 되는 것을 알리는 것은 **관례**이다.

➡ ....

2) 혼례는 보통 **신랑**의 집에서 진행한다.

➡ ....

3) 신부는 혼례 때 **분홍저고리**와 원삼을 입고, 족두리를 머리에 쓴다.

➡ ....

2 아래 낱말 중 혼례와 관련된 것을 찾고, 해당하는 낱자를 조합하여 글자를 완성하세요.

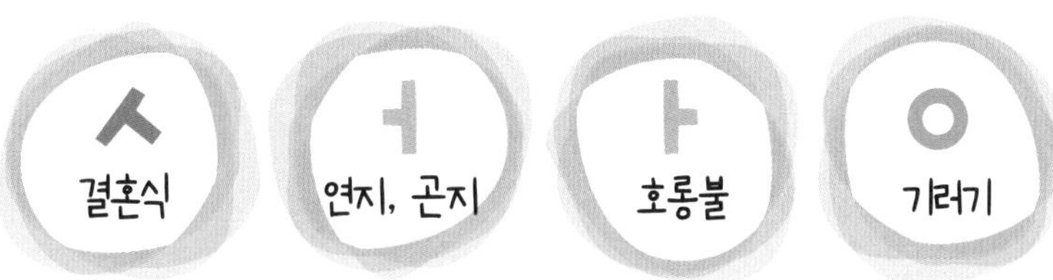

➡ ....

⊙ 혼례에 대해 알게 된 점을 한 문장으로 표현해 보세요.

➡ ....

정답 1 1) 족두리 2) 원삼 3) 활옷 4) 백년해로 1 1) 혼례 2) 신부 3) 활옷 2 상

상례 사람의 죽음을 알리는 의례

과거 우리 조상들은 어떻게 장례식을 치렀을까요? 과거에는 집에서 3~5일 진행하는 '상례'라는 의례로 죽은 이를 기리며 슬픔을 달랬어요. 먼저 고인의 죽음을 주변인들에게 알리고 고인의 몸을 잘 닦아 수의를 입힌 후 고인을 관에 입관시켜요. 3~5일 이후에는 상여에 관을 싣고 집을 떠나는 의식인 발인을 거치지요. 이때 상여는 동네를 돌며 고인의 지인들과 작별을 하고 사람들은 노래를 부르면서 고인을 달래지요. 발인 후 상여는 고인의 영원한 안식처인 무덤으로 가 미리 파 놓은 땅에 관을 묻지요. 이때 고인을 보내는 가족들의 슬픔은 가장 커진답니다.

오늘날에는 종교에 따라 장례 문화가 다양하고 절차도 매우 간소화되었답니다.

고인 죽은 사람.
수의 고인에게 입히는 옷.
상여 고인의 관을 묘지까지 나르는 도구. 10여 명이 메며 가마와 비슷함.

1 알맞은 어휘를 괄호 안에 써 보세요.

1) 고인의 관을 묘지까지 나르는 도구. 10여 명이 메며 가마와 비슷함 (　　　　)

2) 고인에게 입히는 옷 (　　　　)

3) 죽은 사람 (　　　　)

퀴즈 따라잡기

1 활용문을 잘 읽고 빨간색 부분을 바르게 고쳐 쓰세요.

1) 사람의 죽음을 알리는 의례는 **조례**이다.

➡ ....

2) 과거 장례는 보통 **7일** 정도 행해졌다.

➡ ....

3) 상여는 마지막으로 고인의 동네를 돌며 **고인의 처음 만나는 사람들과** 작별을 하였다.

➡ ....

2 아래 낱말 중 상례와 관련된 것을 찾고, 해당하는 낱자를 조합하여 글자를 완성하세요.

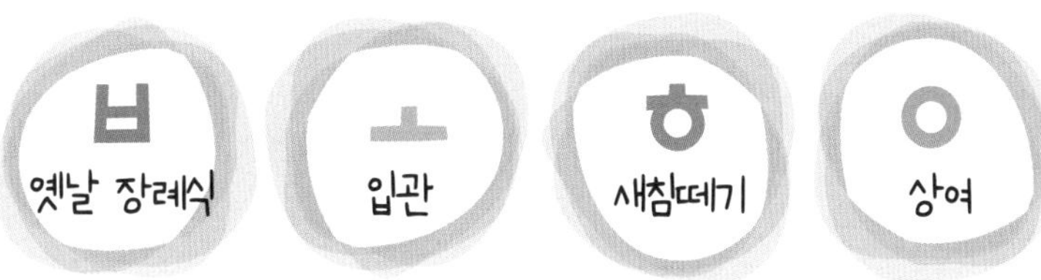

➡ ....

⊙ 상례에 대해 알게 된 점을 한 문장으로 표현해 보세요.

➡ ....

정답 1 1) 상여 2) 수의 3) 고인 1 1) 상례 2) 3~5일 3) 고인의 지인들과 2 봉

우리나라의 통과의례

제례 죽은 조상에 대한 예를 갖추기 위해 치르는 의식

죽은 조상을 추모하며 지내는 의식을 제사 또는 제례라고 해요. 그러나 설날이나 추석에 드리는 제사는 차례라고 부른답니다. 제삿날이 되면 돌아가신 조상을 기억하기 위해 정성껏 음식을 준비해요. 가족, 친척들이 함께 모여 조상들에게 절을 하며 인사를 드린 후 음식을 나누어 먹어요. 지금은 간소화 되었지만 제례 시 따르는 예법이 몇 가지 있어요. 붉은 과일은 동쪽에, 흰 과일은 서쪽에 놓는 '홍동백서'가 있고요. 생선 음식은 동쪽에, 고기 음식은 서쪽에 놓는 '어동육서'가 있지요. 또한 대추, 밤, 배, 감의 순서대로 제사상에 놓아야 하는 '조율이시'도 있습니다.

어휘 따라잡기

추모 죽은 사람을 그리며 생각함.
의식 정하여진 방식에 따라 치르는 행사.
제사 신령이나 죽은 사람의 넋에게 음식을 바치어 정성을 나타냄.

1 **알맞은 어휘를 괄호 안에 써 보세요.**

1) 신령이나 죽은 사람의 넋에게 음식을 바치어 정성을 나타냄 (　　　　　)

2) 정하여진 방식에 따라 치르는 행사 (　　　　　)

3) 죽은 사람을 그리며 생각함 (　　　　　)

퀴즈 따라잡기

1 활용문을 잘 읽고 빨간색 부분을 바르게 고쳐 쓰세요.

1) 죽은 조상에 대한 예를 갖추기 위해 치르는 의식은 **상례**이다.

➡ ....

2) 제사를 지낼 때 붉은 과일은 동쪽에, 흰 과일은 서쪽에 놓는 것을 **홍서백동**라 한다.

➡ ....

3) 조율이시는 **밤**, **대추**, **배**, **감**을 순서대로 제사상에 놓는 것을 말한다.

➡ ...., ..., ..., ...

2 아래 낱말 중 제례와 관련된 것을 찾고, 해당하는 낱자를 조합하여 글자를 완성하세요.

➡ ....

생각 따라잡기

⊙ 제례에 대해 알게 된 점을 한 문장으로 표현해 보세요.

➡ ....

정답 1 1) 제사 2) 의식 3) 추모 1 1) 제례 2) 홍동백서 3) 대추, 밤, 배, 감 2 요

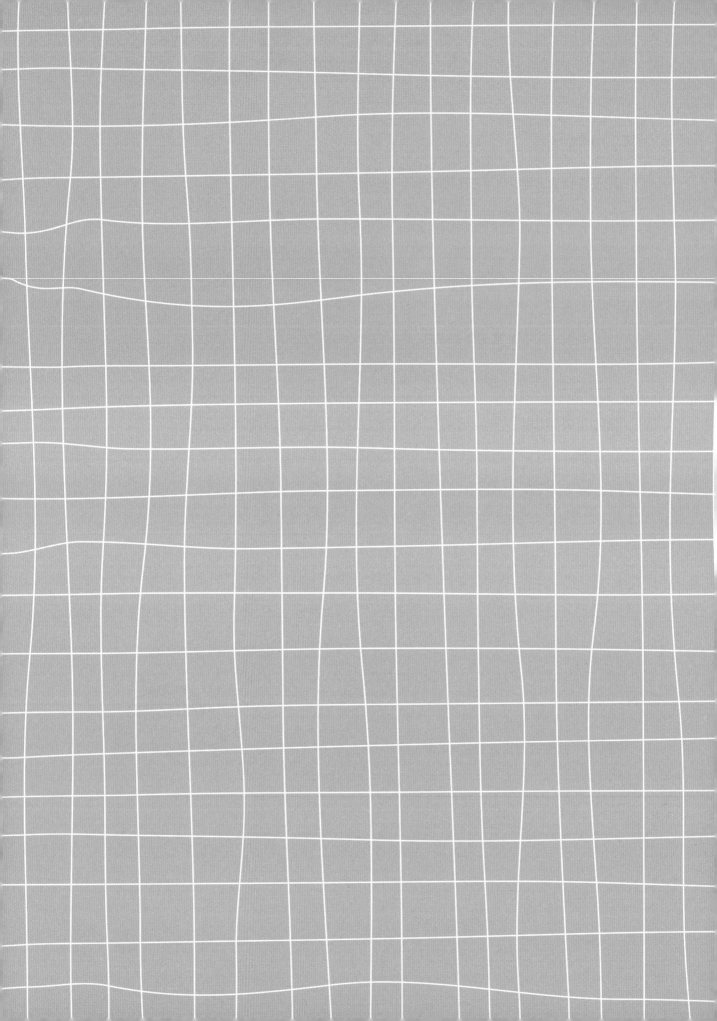

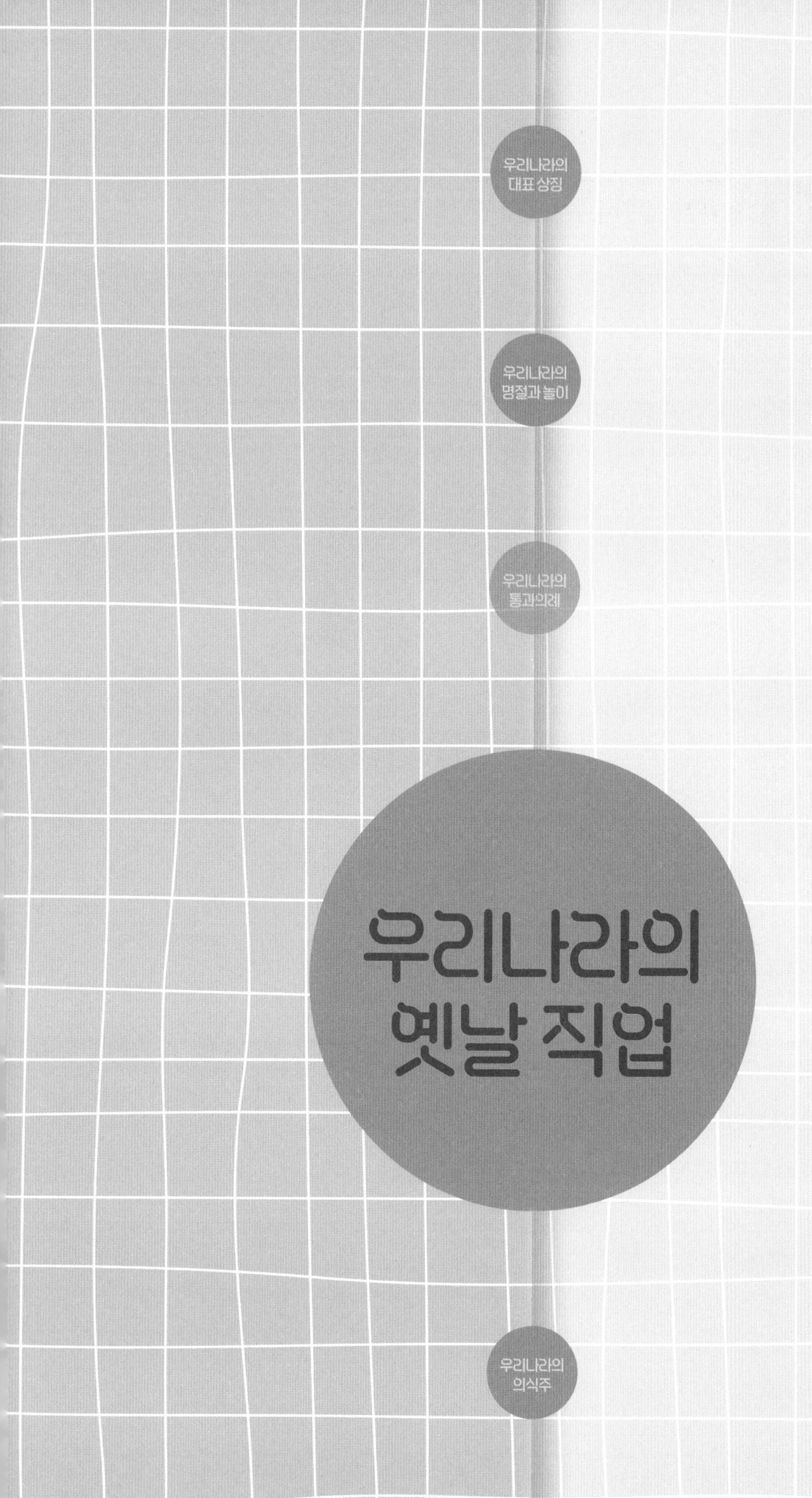
우리나라의
대표 상징
우리나라의
명절과 놀이
우리나라의
통과의례
우리나라의
옛날 직업
우리나라의
의식주

대장장이

농기구와 무기 등을 만들던 옛날의 장인

농사를 짓던 옛날에는 농기구가 많이 사용되었어요. 농사를 지을 때 필요한 호미, 낫 등의 농기구를 만드는 곳은 대장간, 만드는 사람은 대장장이라고 해요. 대장장이들은 농기구뿐만 아니라 칼이나 창 등의 무기도 만들었어요. 그리고 대장간은 사람들이 모이는 사랑방 구실도 하였지요. 예전에는 시골 장터나 마을마다 대장간이 많아 농기구를 살 수 있었는데, 지금은 농촌 인구가 줄면서 농사도 기계화되어 대장간과 대장장이를 거의 볼 수 없게 되었답니다.

어휘 따라잡기

장인 손으로 물건을 만드는 일을 직업으로 하는 사람.
기계화 사람이나 동물이 하는 노동을 기계가 대신함.
사랑방 손님을 맞이하는 공간.

1 **알맞은 어휘를 괄호 안에 써 보세요.**

1) 사람이나 동물이 하는 노동을 기계가 대신함 (　　　　　)

2) 손님을 맞이하는 공간 (　　　　　)

3) 손으로 물건을 만드는 일을 직업으로 하는 사람 (　　　　　)

퀴즈 따라잡기

1 활용문을 잘 읽고 빨간색 부분을 바르게 고쳐 쓰세요.

1) 농기구와 무기 등을 만들던 옛날의 장인은 **목수**이다.

➡ ....

2) 대장장이는 호미, 낫 등의 농기구와 칼, 창 등의 **장난감**도 만들었다.

➡ ....

3) 옛날에 호미, 낫 등 농기구를 만들던 곳은 **사랑방**이다.

➡ ....

2 아래 낱말 중 대장장이와 관련된 것을 찾고, 해당하는 낱자를 조합하여 글자를 완성하세요.

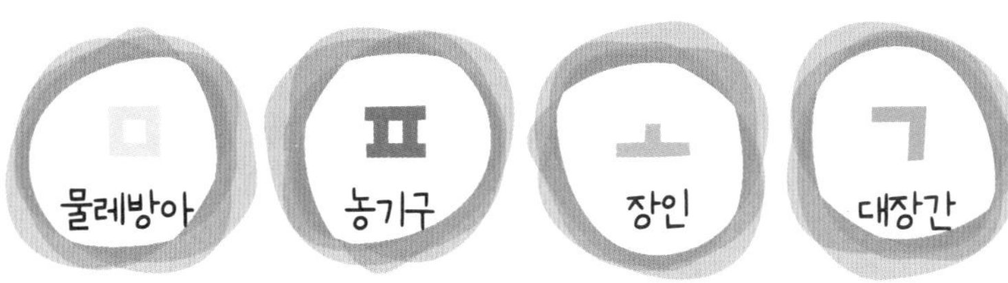

➡ ....

생각 따라잡기

⊙ 대장장이에 대해 알게 된 점을 한 문장으로 표현해 보세요.

➡ ....

....

우리나라의 옛날 직업

목수 집을 짓거나 가구를 만드는 장인

목수는 나무로 무엇이든 잘 만드는 재능이 있는 사람을 말해요. 옛날에는 나무로 집을 짓는 사람을 대목장이라고 불렀고, 가구나 문, 계단, 창문 등을 만드는 사람을 소목장이라 불렀어요. 지금은 세세하게 구분하지 않고, 모두 목수라고 불러요.

대목장은 주로 궁궐이나 절, 주택 등의 건물을 지었는데, 궁궐을 지은 대목장들에게는 벼슬을 주었다고 해요. 1447년 지금의 남대문인 숭례문을 고친 대목장에게는 정오품 벼슬을 주었다고 해요. 참고로 숭례문은 서울에 남아 있는 가장 오래된 목조 건물이기도 해요.

어휘 따라잡기

재능 어떤 일을 하는 데 필요한 재주와 능력.
벼슬 나랏일을 맡아 다스리는 자리.
목조 건물 건물의 뼈대가 나무로 되어 있는 건물.

1 **알맞은 어휘를 괄호 안에 써 보세요.**

1) 나랏일을 맡아 다스리는 자리 (　　　　　　)

2) 어떤 일을 하는 데 필요한 재주와 능력 (　　　　　　)

3) 건물의 뼈대가 나무로 되어 있는 건물 (　　　　　　)

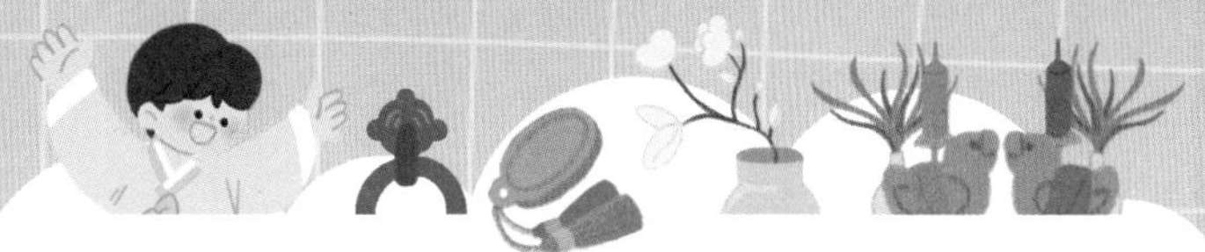

퀴즈 따라잡기

1 활용문을 잘 읽고 빨간색 부분을 바르게 고쳐 쓰세요.

1) 집을 짓거나 가구를 만드는 장인은 **옹기장이**이다.

➡ ....

2) 나무로 집을 짓는 일을 하는 사람은 **소목장**이다.

➡ ....

3) 서울에 남아 있는 가장 오래된 목조 건물은 **동대문**이다.

➡ ....

2 아래 낱말 중 목수와 관련된 것을 찾고, 해당하는 낱자를 조합하여 글자를 완성하세요.

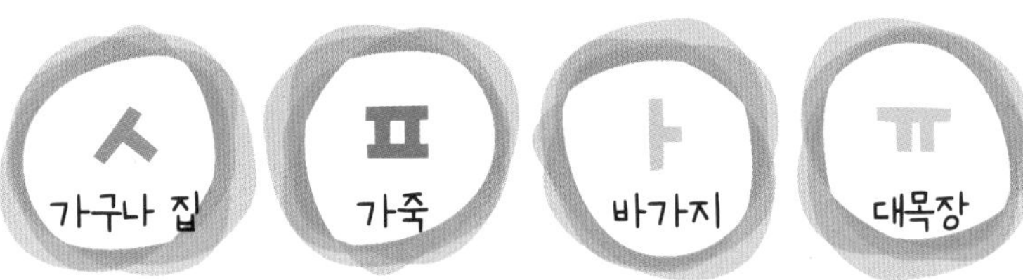

➡ ....

생각 따라잡기

⊙ 목수에 대해 알게 된 점을 한 문장으로 표현해 보세요.

➡ ....

뱃사공

강 위에 배를 띄워 사람들과 짐을 날라주는 사람

뱃사공은 사공이라고도 해요. 강을 끼고 있는 마을에서는 강을 건너기 위해 공동으로 배를 마련하고 뱃사공을 두었어요. 뱃사공은 마을 사람들이 마련해준 집인 '사공막'에서 거주하며 마을 사람들이 모아서 주는 곡식을 그 대가로 받았다고 해요. 뱃사공은 천민 신분이었으며, 자손에게 세습되었지요.

1960~1970년대까지도 광나루, 마포나루, 뚝섬나루 등에 뱃사공이 남아 있었지만, 산업화 이후 나루터가 다리로 대체되면서 사라졌어요. 2000년대 들어서 관광용으로 운행하는 재래식 나룻배에서 노를 젓는 사공을 제외하고는 사라진 직업이지요.

대가 자기의 재산이나 노무 따위를 남에게 이용하게 하거나 제공하여 그에 대한 보수로서 얻는 재산상의 이익.

천민 지위가 낮은 백성.

세습 한집안의 재산이나 신분, 직업 따위를 대대로 물려주고 물려받음.

1 알맞은 어휘를 괄호 안에 써 보세요.

1) 지위가 낮은 백성 (　　　　　)

2) 한집안의 재산이나 신분, 직업 따위를 대대로 물려주고 물려받음 (　　　　　)

3) 자기의 재산이나 노무 따위를 남에게 이용하게 하거나 제공하여 그에 대한 보수로서 얻는 재산상의 이익 (　　　　　)

퀴즈 따라잡기

1 활용문을 잘 읽고 빨간색 부분을 바르게 고쳐 쓰세요.

1) 뱃사공은 마을에서 **산**을 이동하는 데 필요했던 직업이다.

➡ ....

2) 뱃사공의 신분은 **양반**으로, 자녀에게 세습되었다.

➡ ....

3) **광화문**, **여의도**, **잠실**에 있던 뱃사공은 산업화 이후 사라졌다.

➡ ...., ..., ...

2 아래 낱말 중 뱃사공과 관련된 것을 찾고, 해당하는 낱자를 조합하여 글자를 완성하세요.

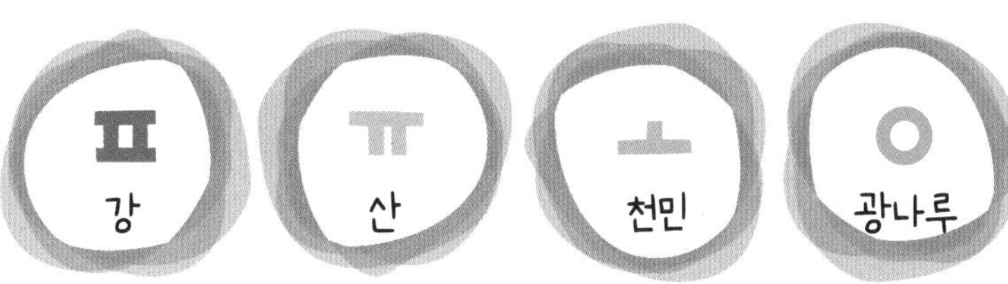

➡ ....

생각 따라잡기

⊙ **뱃사공에 대해 알게 된 점을 한 문장으로 표현해 보세요.**

➡ ....

옹기장

전통적인 방식으로 독과 항아리 등을 만드는 장인

옹기장은 다른 말로 옹기장이 또는 도공이라고도 해요. 옛 조상들은 삼국 시대부터 옹기를 사용했다고 해요. 옹기는 진흙을 반죽한 후 그릇 형태로 만들어 가마에 넣고 불에 구워 만들어요. 준비 과정이 매우 어렵고 전문적인 기술이 필요해서 옹기장들이 만든 독과 항아리는 비교적 비싸게 판매되었다고 해요. 오늘날에는 옹기를 굽는 사람들이 점차 사라지고 있어요. 그래서 우리나라는 그 기술을 보전하기 위해 1990년에 옹기장을 국가무형문화재 제96호로 지정하여 보호하고 있어요.

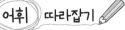

어휘 따라잡기

독 곡식이나 음식을 저장할 때 쓰는 키가 크고 배가 둥근 그릇.
항아리 아래위가 좁고 배가 부른 유약을 바르지 않은 그릇.
유약 도자기의 몸에 바르는 약.
가마 옹기를 구워 내는 시설.

1 **알맞은 어휘를 괄호 안에 써 보세요.**

1) 도자기의 몸에 바르는 약 ( )

2) 아래위가 좁고 배가 부른 유약을 바르지 않은 그릇 ( )

3) 곡식이나 음식을 저장할 때 쓰는 키가 크고 배가 둥근 그릇 ( )

4) 옹기를 구워 내는 시설 ( )

퀴즈 따라잡기

1 활용문을 잘 읽고 빨간색 부분을 바르게 고쳐 쓰세요.

1) 생활에 쓰이는 독과 항아리를 만드는 장인은 **대장장이**이다.

➡ ....

2) 옹기는 진흙을 반죽한 후 그릇 형태로 만들어 **난로**에 넣고 굽는다.

➡ ....

3) 1990년에 우리나라는 옹기장을 **국가유형문화재** 제96호로 지정하였다.

➡ ....

2 아래 낱말 중 옹기장과 관련된 것을 찾고, 해당하는 낱자를 조합하여 글자를 완성하세요.

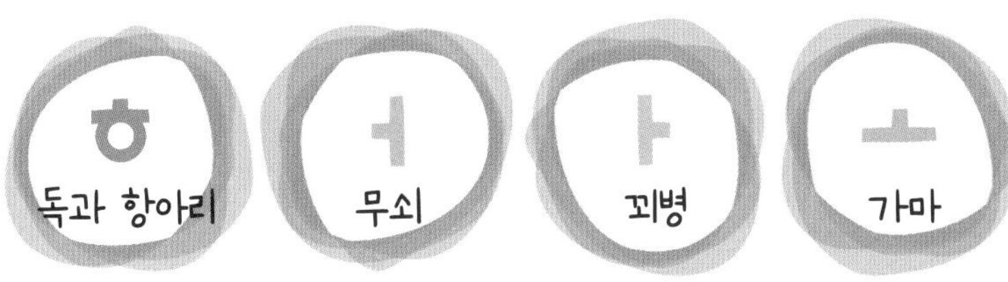

➡ ....

생각 따라잡기

⊙ **옹기장에 대해 알게 된 점을 한 문장으로 표현해 보세요.**

➡ ....

정답 1 1) 유약 2) 항아리 3) 독 4) 가마 1 1) 옹기장 2) 가마 3) 국가무형문화재 2 호

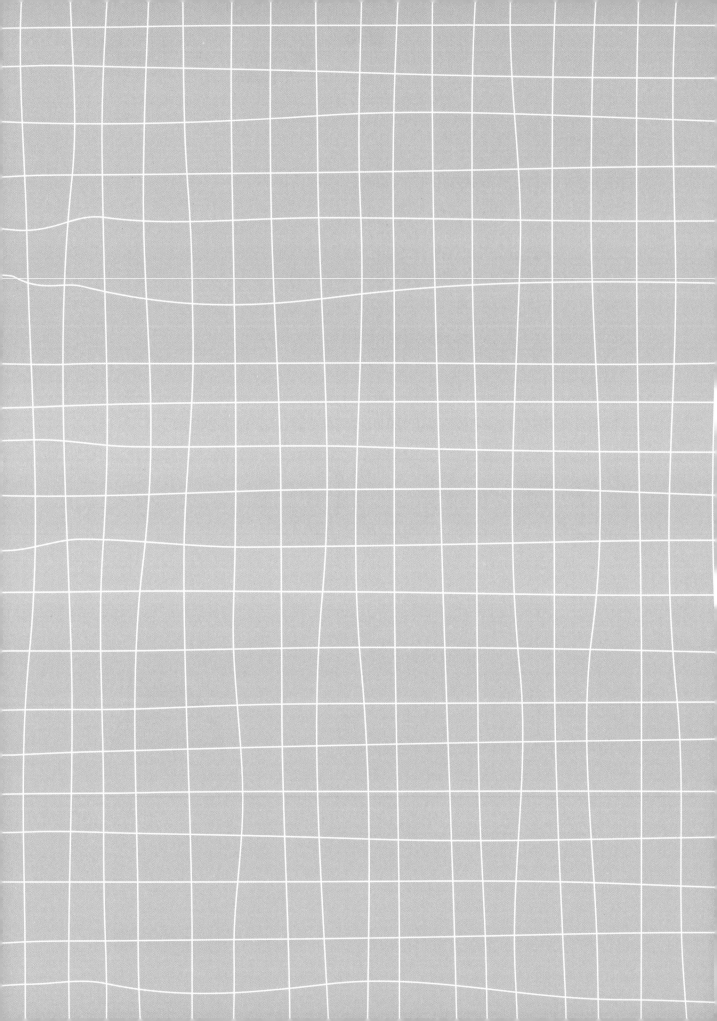

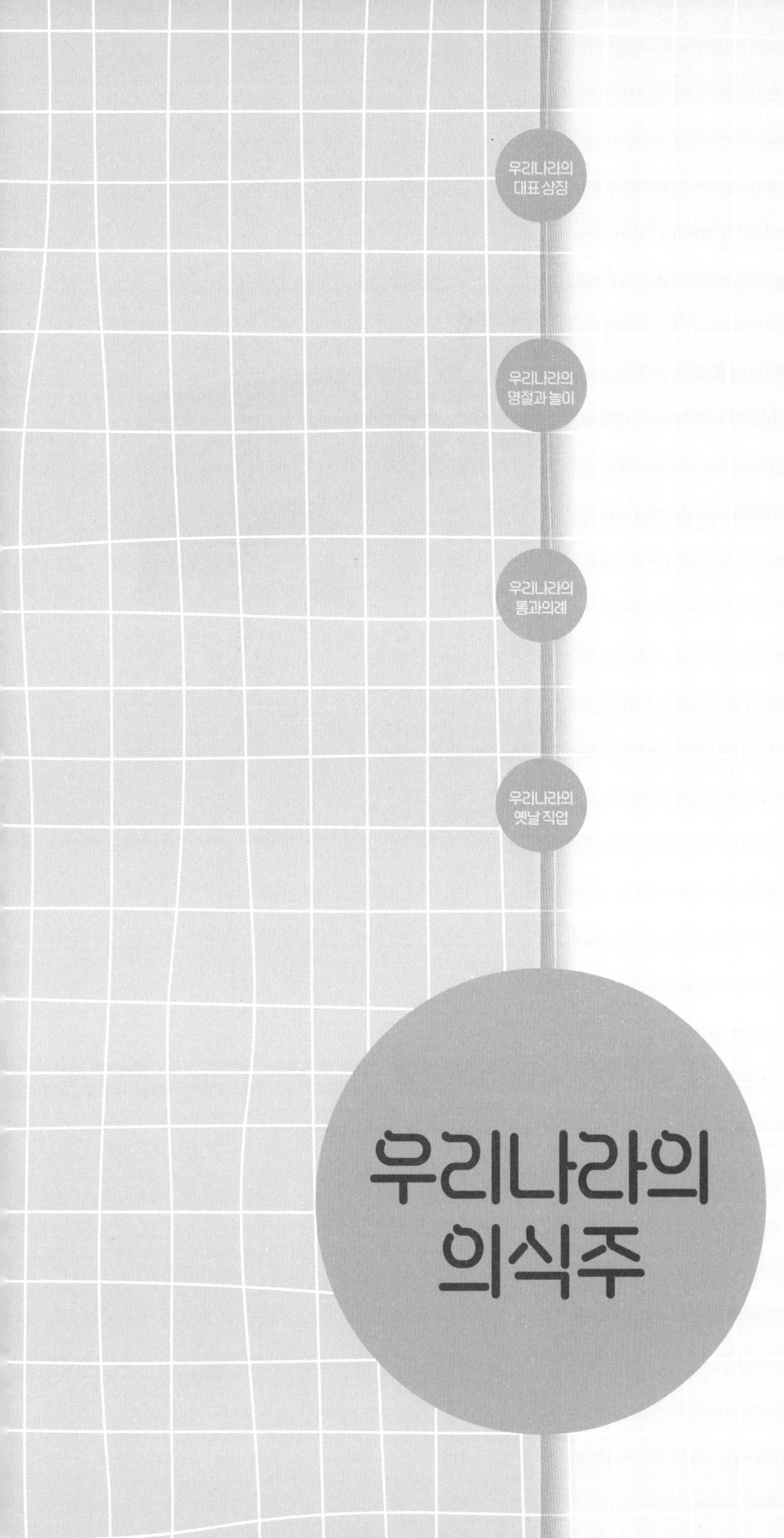

우리나라의 의식주

가마솥 우리나라 전통 방식의 취사도구

가마솥은 우리 조상들이 사용하던 전통 방식의 취사도구예요. 우리 조상들은 불을 지피는 곳인 아궁이에 솥을 거는 부뚜막을 설치하고, 그 위에 가마솥을 올려 물을 끓이거나 음식을 만드는 용도로 사용했어요. 오늘날의 스테인리스 스틸이나 알루미늄 등의 신소재가 출현하기 전까지 가마솥은 무쇠로 만들었어요. 둥근 바닥에, 주둥이는 조금 오므라드는 모양이지요. 가마솥의 견고함과 내구성은 오늘날의 기술력과 비교해도 매우 우수하답니다. 요즘도 시골에 가면 아궁이에 불을 지펴 사용하는 가마솥을 종종 볼 수 있어요.

어휘 따라잡기

취사 끼니로 먹을 음식 따위를 만드는 일.
부뚜막 아궁이 위에 솥을 걸어 놓는 언저리.
내구성 물질이 원래의 상태에서 변질되거나 변형됨이 없이 오래 견디는 성질.

1 알맞은 어휘를 괄호 안에 써 보세요.

1) 아궁이 위에 솥을 걸어 놓는 언저리 (　　　　)
2) 물질이 원래의 상태에서 변질되거나 변형됨이 없이 오래 견디는 성질 (　　　　)
3) 끼니로 먹을 음식 따위를 만드는 일 (　　　　)

퀴즈 따라잡기

1 활용문을 잘 읽고 빨간색 부분을 바르게 고쳐 쓰세요.

1) 우리 조상들이 사용하던 전통 방식의 취사도구는 **냄비**이다.

➡ ....

2) 가마솥은 주로 **스테인리스 스틸**이나 **알루미늄**으로 만든다.

➡ ....

3) 아궁이에 솥을 거는 **가스레인지**를 설치하여 가마솥을 사용한다.

➡ ....

2 가마솥과 관련된 낱말을 찾아 빗금을 그어보세요.

생각 따라잡기

⊙ 가마솥에 대해 알게 된 점을 한 문장으로 표현해 보세요.

➡ ....

정답 1 1) 부뚜막 2) 내구성 3) 취사 1 1) 가마솥 2) 무쇠 3) 부뚜막 2 취사도구, 무쇠

골무 바느질할 때 손가락 보호를 위해 검지에 끼는 도구

골무는 바늘 끝의 뾰족한 부분을 옷감에 잘 밀어 넣고 손가락이 다치는 것을 방지하기 위해 검지에 끼워서 쓰는 재봉 도구예요. 골무는 주로 천이나 가죽 그리고 금속 등으로 만들며 반달 모양을 띠고 있어요.

조선 시대에는 여자들이 천을 이용하여 만든 헝겊 골무나 수(繡) 골무 등을 사용하였고, 주로 장수나 좋은 일을 상징하는 매화, 모란, 박쥐, 나비, 석류, 십장생 등의 길상무늬를 수놓았어요. 최근에는 스테인레스 스틸로 만든 골무도 사용하며 수놓은 골무는 장식품으로도 사용되고 있어요.

어휘 따라잡기

재봉 옷감 따위에 치수를 재고 잘라서 바느질하는 일.
수(繡)놓다 여러 가지 색실을 바늘에 꿰어 천에 그림, 글씨, 무늬 따위를 떠서 놓다.
길상무늬 장수나 행복 따위의 좋은 일을 상징하는 무늬.

1 알맞은 어휘를 괄호 안에 써 보세요.

1) 여러 가지 색실을 바늘에 꿰어 천에 그림, 글씨, 무늬 따위를 떠서 놓다 (　　　　)

2) 장수나 행복 따위의 좋은 일을 상징하는 무늬 (　　　　)

3) 옷감 따위에 치수를 재고 잘라서 바느질하는 일 (　　　　)

1 **활용문을 잘 읽고 빨간색 부분을 바르게 고쳐 쓰세요.**

1) 골무는 바느질할 때 손가락 보호를 위해 **엄지**에 끼워서 쓴다.

➡ ....

2) 수 골무에는 매화, 모란, **쥐**, 나비, 석류, 십장생 등 길상무늬를 수놓는다.

➡ ....

3) 조선 시대에는 여자들이 천을 이용하여 만든 **금속** 골무를 사용하였다.

➡ ....

2 **골무와 관련된 낱말을 찾아 빗금을 그어보세요.**

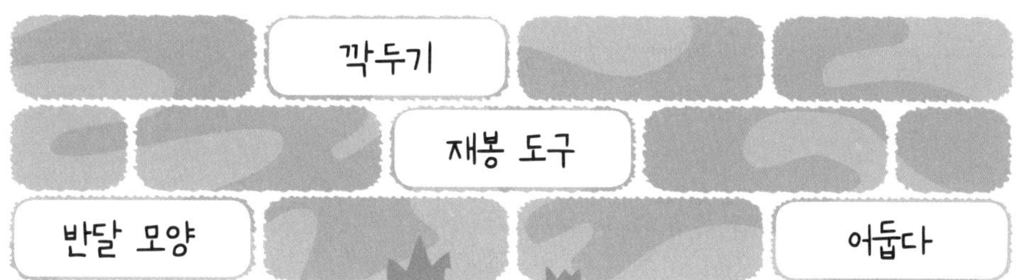

생각 따라잡기

⊙ **골무에 대해 알게 된 점을 한 문장으로 표현해 보세요.**

➡ ....

김치

소금에 절인 배추 등을 고춧가루와 양념으로 버무려 발효 시킨 음식

김치는 세계인들에게 사랑받는 우리나라의 대표적인 전통 발효 음식입니다. 감칠맛이 뛰어나고 오랫동안 보관할 수 있어서 옛 조상들은 겨울철 내내 먹었지요. 보통 김치라고 하면 배추를 소금물에 절여 각종 채소와 고춧가루로 양념을 만들어 버무린 빨간 김치를 말하지요. 빨간 배추김치 외에도 백김치, 나박김치, 오이소박이 등 다양한 김치가 있어요. 삼국 시대 이전에 채소를 소금 등에 절인 염장 채소가 우리나라 김치의 시초인데요. 임진왜란 이후 일본에서 고추가 들어오면서 비로소 빨간 매운 김치를 먹기 시작했어요.

어휘 따라잡기

발효 눈으로는 볼 수 없는 세포나 효모의 작용으로 분해 및 변화하는 현상.
감칠맛 음식물이 입에 당기는 맛.
염장 소금에 절여 저장함.

1 알맞은 어휘를 괄호 안에 써 보세요.

1) 음식물이 입에 당기는 맛 (　　　　　)

2) 소금에 절여 저장함 (　　　　　)

3) 눈으로는 볼 수 없는 세포나 효모의 작용으로 분해 및 변화하는 현상 (　　　　　)

퀴즈 따라잡기

1 활용문을 잘 읽고 빨간색 부분을 바르게 고쳐 쓰세요.

1) **불고기**는 우리나라의 전통 발효 음식이다.

➡ ……………………

2) 우리나라 김치의 시초는 **고려 시대** 이전이다.

➡ ……………………

3) 임진왜란 이후 **중국**에서 고추가 들어오면서 빨간 매운 김치를 먹기 시작했다.

➡ ……………………

2 김치와 관련된 낱말을 찾아 빗금을 그어보세요.

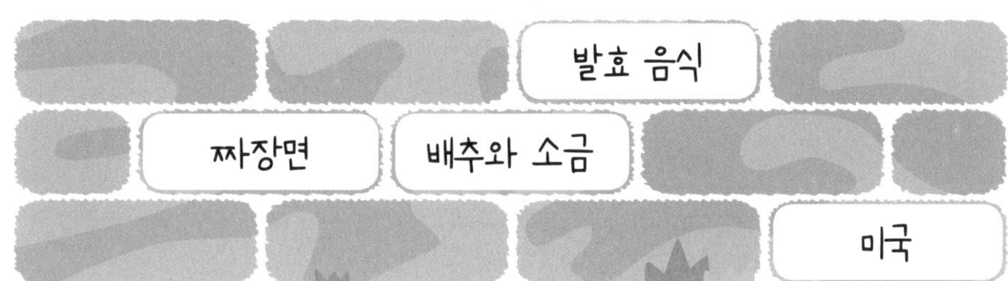

생각 따라잡기

⊙ 김치에 대해 알게 된 점을 한 문장으로 표현해 보세요.

➡ ……………………

정답 1 1) 감칠맛 2) 염장 3) 발효 1 1) 김치 2) 삼국 시대 3) 일본 2 발효 음식, 배추와 소금

다듬이질

옷감의 주름을 펴기 위해 방망이로 두들겨 손질하는 법

옛 조상들은 세탁된 옷감의 주름을 펴고 부드럽게 하려고 옷감을 방망이로 두들겨 손질하였어요. 다듬이질을 하려면 화강암이나 대리석 등으로 만든 장방형 모양의 매끄러운 다듬잇돌과 그 위에 옷감을 놓고 두드릴 다듬잇방망이가 필요해요.

주로 겨울철의 두꺼운 솜옷이나 침구류 등을 다듬이질로 손질했어요. 겨울철 늦은 밤까지 두 사람이 네 개의 다듬잇방망이로 옷감을 다듬는 소리는 옛날 겨울철에 흔히 들을 수 있었던 풍속이기도 하지요.

어휘 따라잡기

장방형 주로 정사각형이 아닌 것을 이른다.
침구류 잠을 자는 데 쓰는 이부자리, 베개 따위의 종류.
풍속 그 시대의 유행과 습관 따위를 이르는 말.

1 **알맞은 어휘를 괄호 안에 써 보세요.**

1) 잠을 자는 데 쓰는 이부자리, 베개 따위의 종류 (　　　　　)
2) 그 시대의 유행과 습관 따위를 이르는 말 (　　　　　)
3) 주로 정사각형이 아닌 것을 이른다 (　　　　　)

퀴즈 따라잡기

1 **활용문을 잘 읽고 빨간색 부분을 바르게 고쳐 쓰세요.**

1) 옷감의 주름을 펴기 위해 방망이로 두들겨 손질하는 법은 **다림이질**이다.

➡ ………………………………

2) 다듬잇돌은 보통 **화석**이나 대리석으로 만든 장방형이다.

➡ ………………………………

3) 주로 겨울철의 **속옷**이나 침구류 등을 다듬이질로 손질한다.

➡ ………………………………

2 **다듬이질과 관련된 낱말을 찾아 빗금을 그어보세요.**

⊙ **다듬이질에 대해 알게 된 점을 한 문장으로 표현해 보세요.**

➡ ………………………………

정답 1 1) 침구류 2) 풍속 3) 장방형 1 1) 다듬이질 2) 화강암 3) 솜옷 2 장방형, 대리석

된장 콩으로 만든 우리나라의 대표적인 발효 음식

된장을 만드는 방법은 간단하지 않아요. 먼저 노란 콩을 삶아 절구에 넣고 찧은 후 손으로 잘 다듬어 사각 모양의 메주를 빚지요. 바람이 잘 통하는 곳에 메주를 매달아요. 메주에 고릿한 냄새와 함께 하얗고 파란 곰팡이가 곳곳에 보이면 메주가 잘 익고 있다는 증거예요. 잘 익은 메주와 소금물을 항아리에 넣고 숙성시켜 우러난 검은 액체가 간장, 간장을 떠내고 남은 건더기를 더 발효하면 된장이 되는 것이지요.

고추장은 임진왜란 이후 고추가 우리나라에 전파되면서 고춧가루, 엿기름, 소금 등을 넣어 만들기 시작했답니다. 장을 담그는 시기는 1월 말부터 3월 초까지인데 그중 2월이 가장 좋아요. 2월은 장맛을 변질시키는 잡균이 번식하기 전이기 때문이랍니다.

어휘 따라잡기

절구 곡식을 빻거나 찧으며 떡을 치기도 하는 기구.
숙성 효소나 미생물의 작용에 의하여 발효된 것이 잘 익음.
엿기름 보리에 물을 부어 싹이 트게 한 다음에 말린 것.

1 알맞은 어휘를 괄호 안에 써 보세요.

1) 효소나 미생물의 작용에 의하여 발효된 것이 잘 익음 (　　　　)
2) 보리에 물을 부어 싹이 트게 한 다음에 말린 것 (　　　　)
3) 곡식을 빻거나 찧으며 떡을 치기도 하는 기구 (　　　　)

퀴즈 따라잡기

1 활용문을 잘 읽고 빨간색 부분을 바르게 고쳐 쓰세요.

1) 간장, 된장, **비빔장**은 우리나라의 대표적인 발효 음식이다.

➡ ....

2) 항아리에 잘 익은 메주와 소금물을 붓고 숙성시킨 후 우러난 **콩장**을 떠내고 남은 것이 된장이다.

➡ ....

3) 장을 만들어 먹는 시기는 1월 말부터 3월 초까지인데, 그중 **3월**이 가장 좋다.

➡ ....

2 된장과 관련된 낱말을 찾아 빗금을 그어보세요.

생각 따라잡기

⊙ 된장에 대해 알게 된 점을 한 문장으로 표현해 보세요.

➡ ....

정답 1 1) 숙성 2) 엿기름 3) 절구 1 1) 고추장 2) 간장 3) 2월 2 메주와 소금, 파란 곰팡이

약과 우리나라의 대표적인 전통 과자

약과는 부드럽고 달콤하며 고소한 맛이 특징인 전통 한과예요. 주로 제사나 혼례 때 사용하지요. 우리 음식에 '약' 자가 붙은 음식으로는 약과, 약밥 등이 있는데, 이런 음식들의 공통점은 꿀과 참기름을 사용한다는 점이에요. 옛날에 약으로 사용했던 참기름과 꿀이 들어간 과자라 약과라는 이름이 되었다고 해요.

약과는 참기름, 밀가루 그리고 꿀 등을 섞어 빠르고 가볍게 치댄 후 다식판 등에 모양을 내어 110℃의 기름에 서서히 지져서 만들어요. 지진 약과는 꿀을 바르고 계핏가루를 뿌려 재워둬요. 부드럽게 만든 것일수록 잘 만든 약과랍니다.

어휘 따라잡기

한과 밀가루를 꿀이나 설탕에 반죽하여 납작하게 만들어서 기름에 튀겨 물들인 것.
약밥 찹쌀을 물에 불린 후 쪄서 흑설탕, 참기름, 대추, 진간장, 밤 등을 넣고 다시 찐 밥.
다식판 꿀이나 조청으로 반죽한 과자에 다양한 문양을 아름답게 박아내는 틀.

1 알맞은 어휘를 괄호 안에 써 보세요.

1) 찹쌀을 물에 불린 후 쪄서 흑설탕, 참기름, 대추, 진간장, 밤 등을 넣고 다시 찐 밥 (　　　　)

2) 꿀이나 조청으로 반죽한 과자에 다양한 문양을 아름답게 박아내는 틀 (　　　　)

3) 밀가루를 꿀이나 설탕에 반죽하여 납작하게 만들어서 기름에 튀겨 물들인 것 (　　　　)

퀴즈 따라잡기

1 활용문을 잘 읽고 빨간색 부분을 바르게 고쳐 쓰세요.

1) 우리나라의 대표 전통 과자는 **약밥**이다.

➡ ....

2) 보통 '약'자가 붙은 음식에는 공통으로 꿀과 **콩기름**이 사용된다.

➡ ....

3) **딱딱하게** 만든 약과일수록 잘 만든 약과이다.

➡ ....

2 약과와 관련된 낱말을 찾아 빗금을 그어보세요.

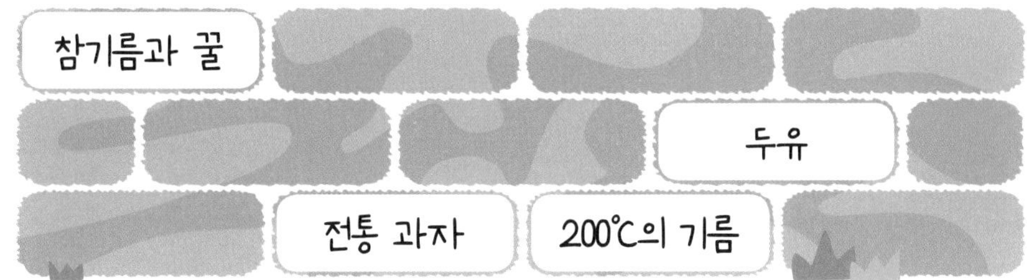

생각 따라잡기

⊙ 약과에 대해 알게 된 점을 한 문장으로 표현해 보세요.

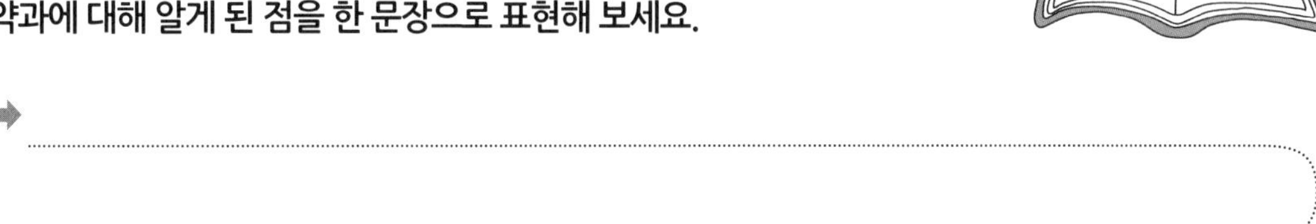

➡ ....

정답 1 1) 약밥 2) 다식판 3) 한과 1 1) 약과 2) 참기름 3) 부드럽게 2 참기름과 꿀, 전통 과자

인두 옷을 다릴 때 사용하는 도구

인두는 화로에 뜨겁게 달구어 옷의 솔기나 모서리 등 옷의 구김을 펴는 데 사용하는 바느질 도구입니다. 지금의 다리미와 용도가 비슷해요. 그러나 오늘날의 다리미보다는 작고 가벼우며 끝이 예리하지요. 인두 바닥은 무쇠로 만들어요. 바닥은 매끄럽고 뾰족하며 자루 끝에 나무 손잡이가 있어요.

인두판은 가로 20㎝, 세로 60㎝ 정도의 직사각형 나무판에 솜을 위아래 놓고 비단헝겊 등으로 씌워 사용해요. 사람들은 주로 양 무릎 위에 인두판을 올려놓고 인두질을 하였답니다.

어휘 따라잡기

화로 숯불을 담아 놓는 그릇. 주로 불씨를 보존하거나 난방을 위하여 쓴다.
솔기 옷이나 이부자리 따위를 지을 때 두 폭을 맞대고 꿰맨 줄.
예리하다 끝이 뾰족하거나 날이 선 상태에 있다.

1 알맞은 어휘를 괄호 안에 써 보세요.

1) 옷이나 이부자리 따위를 지을 때 두 폭을 맞대고 꿰맨 줄 (　　　　　)

2) 숯불을 담아 놓는 그릇. 주로 불씨를 보존하거나 난방을 위하여 쓴다 (　　　　　)

3) 끝이 뾰족하거나 날이 선 상태에 있다 (　　　　　)

퀴즈 따라잡기

1 활용문을 잘 읽고 빨간색 부분을 바르게 고쳐 쓰세요.

1) 옛날 우리 조상들이 옷을 다릴 때 사용했던 도구는 **작두**이다.

➡ ……………………

2) 인두는 지금의 **화로**와 비슷한 용도이다.

➡ ……………………

3) 인두판은 주로 **바닥에** 놓고 사용한다 .

➡ ……………………

2 인두와 관련된 낱말을 찾아 빗금을 그어보세요.

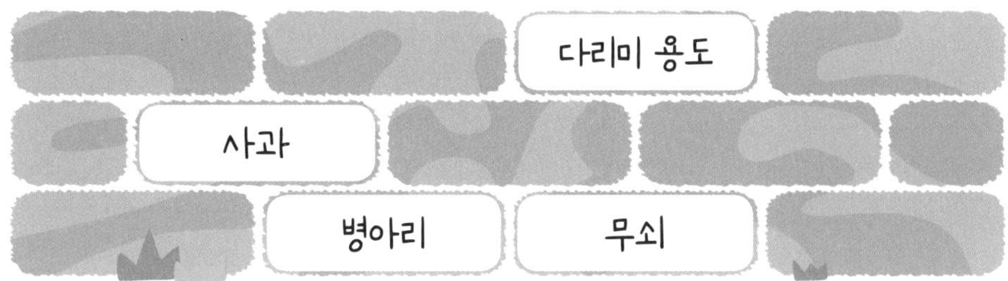

생각 따라잡기

⊙ 인두에 대해 알게 된 점을 한 문장으로 표현해 보세요.

➡ ……………………

정답 1 1) 솔기 2) 화로 3) 예리하다 1 1) 인두 2) 다리미 3) 양 무릎 위 2 다리미 용도, 무쇠

장독대

된장, 고추장 등 온갖 장을 담은 옹기들을 보관하는 곳

혹시 '옹기'란 말을 들어본 적이 있나요? 옹기는 흙으로 만든 투박하고 실용적인 그릇들을 말하는데요. 장독대는 바로 이런 크고 작은 옹기들을 모아 둔 곳이에요.

옛 조상들은 된장, 고추장, 간장 등을 새로 담그면 새끼줄에 숯과 고추를 끼워 옹기에 금줄을 쳐서 장독대에 보관했지요. 금줄을 치면 나쁜 기운을 막아 주고 장맛도 맛있게 해준다고 믿었어요. 장 속에 숯과 고추도 함께 넣어 보관했는데, 이렇게 하면 살균도 되고 깨끗한 장을 먹을 수 있다고 믿었어요. 실제로 과학적으로도 그 효과가 증명되었고요. 이렇듯 장독대는 장을 보관하는 곳일 뿐 아니라 옛 조상들의 지혜가 묻어 있는 곳이지요.

어휘 따라잡기

투박하다 생김새가 볼품없이 둔하고 튼튼하기만 하다.
살균 미생물 따위의 균을 죽임.
지혜 사물의 이치를 빨리 깨닫고 사물을 정확하게 처리하는 정신적 능력.

1 알맞은 어휘를 괄호 안에 써 보세요.

1) 미생물 따위의 균을 죽임 (　　　　　)

2) 사물의 이치를 빨리 깨닫고 사물을 정확하게 처리하는 정신적 능력 (　　　　　)

3) 생김새가 볼품없이 둔하고 튼튼하기만 하다 (　　　　　)

퀴즈 따라잡기

1 활용문을 잘 읽고 빨간색 부분을 바르게 고쳐 쓰세요.

1) 옛 조상들은 온갖 장을 담은 옹기들을 **냉장고**에 보관하였다.

➡ ....

2) 옹기는 흙으로 만든 **세련되고 화려한** 그릇들을 말한다.

➡ ....

3) 조상들은 옹기에 숯과 고추로 만든 **은줄**을 치면 나쁜 기운을 막아 준다고 믿었어요.

➡ ....

2 장독대와 관련된 낱말을 찾아 빗금을 그어보세요.

생각 따라잡기

⊙ 장독대에 대해 알게 된 점을 한 문장으로 표현해 보세요.

➡ ....

정답 1 1) 살균 2) 지혜 3) 투박하다 1 1) 장독대 2) 투박하고 실용적인 3) 금줄 2 보관하는 곳, 옹기

한복 우리나라 고유의 전통 의복

한복에는 한민족의 옷, 우리 겨레 고유의 옷이라는 뜻이 담겨 있어요. 지금의 한복은 특별한 날에 입는 옷이지만 옛날에는 늘 착용하던 평상복이었어요. 한복은 고구려 벽화에서 그려진 인물들의 옷차림에서 그 원형을 찾고 있지요.

아름답고 우아한 곡선과 쭉 뻗은 직선 그리고 화려한 문양이 어우러진 한복은 시대마다 조금씩 다른데요. 현재 우리가 입는 한복은 조선 시대 한복의 모습과 가장 비슷해요.

과거 여자들은 노랑이나 연두저고리에 분홍이나 남색 계열의 치마를 갖춰 입었고, 남자는 옥색 등의 엷은 색 바지와 저고리를 입고 남색이나 녹색 계열의 조끼를 입었어요. 아이들은 바느질하다가 남은 조각 천을 모아서 만든 색동저고리를 입었지요.

어휘 따라잡기

원형 같거나 비슷한 여러 개가 만들어져 나온 본바탕.
문양 옷감이나 조각품 따위를 장식하기 위한 여러 가지 모양.
겨레 같은 핏줄을 이어받은 민족.

1 알맞은 어휘를 괄호 안에 써 보세요.

1) 같은 핏줄을 이어받은 민족 (　　　　)

2) 같거나 비슷한 여러 개가 만들어져 나온 본바탕 (　　　　)

3) 옷감이나 조각품 따위를 장식하기 위한 여러 가지 모양 (　　　　)

1 **활용문을 잘 읽고 빨간색 부분을 바르게 고쳐 쓰세요.**

1) 우리나라 고유의 전통 의복은 **티셔츠와 청바지**이다.

➡ ....

2) 현재 우리가 입는 한복은 **고려 시대** 한복의 모습과 가장 비슷하다.

➡ ....

3) 아이들은 바느질하다가 남은 조각 천을 모아서 만든 **풍차바지**를 입었다.

➡ ....

2 **한복에 관련된 낱말을 찾아 빗금을 그어보세요.**

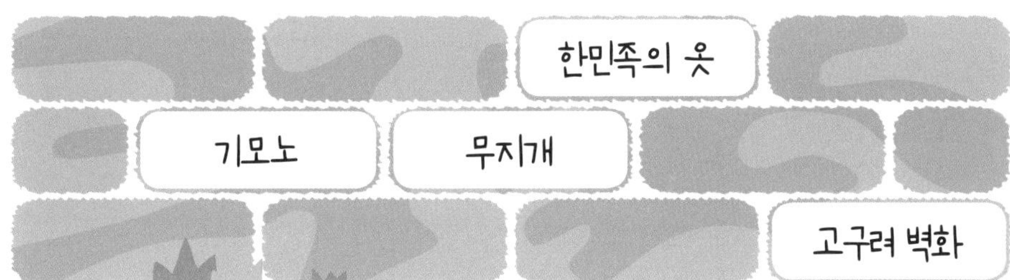

생각 따라잡기

⊙ **한복에 대해 알게 된 점을 한 문장으로 표현해 보세요.**

➡ ....

정답 1 1) 겨레 2) 원형 3) 문양 1 1) 한복 2) 조선 시대 3) 색동저고리 2 한민족의 옷, 고구려 벽화

한옥 우리나라의 전통 가옥

한옥은 사계절이 뚜렷한 우리나라의 기후에 매우 적합한 과학적인 원리가 숨은 집이에요. 겨울에는 아궁이에 불을 지펴 따뜻해진 열기로 구들장을 데우는 온돌이 사용되었어요. 또 습하고 무더운 여름에는 방과 방 사이에 있는 대청마루에서 더위를 식힐 수 있도록 설계되었어요.

지붕 재료에 따라 초가집, 기와집으로 분류했는데요. 짚을 엮어 지붕을 만든 초가집에는 서민들이 주로 거주하였고, 양반집이나 궁궐 등에는 건물 보호와 장식의 목적으로 기와로 지붕을 이었지요. 기와 역시 외부 눈과 빗물 등을 차단하고 실내 온도를 쾌적하게 유지하기 위한 과학적인 설계였답니다.

어휘 따라잡기

설계하다 계획을 세우다.
구들장 불길과 연기가 통하여 나가는 길 위에 깔아 방바닥을 만드는 얇고 넓은 돌.
온돌 화기(火氣)가 방 밑을 통과하여 방을 덥히는 장치.

1 알맞은 어휘를 괄호 안에 써 보세요.

1) 화기(火氣)가 방 밑을 통과하여 방을 덥히는 장치 (　　　　)

2) 계획을 세우다 (　　　　)

3) 불길과 연기가 통하여 나가는 길 위에 깔아 방바닥을 만드는 얇고 넓은 돌 (　　　　)

퀴즈 따라잡기

1 **활용문을 잘 읽고 빨간색 부분을 바르게 고쳐 쓰세요.**

1) 우리나라의 전통 가옥은 **아파트**이다.

➡ ....

2) 한옥은 **보일러**로 따뜻한 온기를 느낄 수 있도록 설계되었다.

➡ ....

3) 서민들은 짚으로 지붕을 이은 초가집에 살았고, 양반들은 **벽돌**로 지붕을 이은 집에 살았다.

➡ ....

2 **한옥과 관련된 낱말을 찾아 빗금을 그어보세요.**

생각 따라잡기

⊙ 한옥에 대해 알게 된 점을 한 문장으로 표현해 보세요.

➡ ....

정답 1 1) 온돌 2) 설계하다 3) 구들장 1 1) 한옥 2) 온돌 3) 기와 2 초가집, 대청마루

자료 출처

까치 픽사베이
연꽃 도깨비무늬 벽돌, 도깨비 얼굴 무늬 기와 틀 e뮤지엄
무궁화 픽사베이
호랑이 민화 국립민속박물관
삽사리 한국저작권위원회
세종대왕 픽사베이
보은 속리 정이품송 국가유산청
장승 픽사베이
태극기 Wikimedia Commons
한라산 백록담 제주특별자치도
호랑이 픽사베이
부럼과 오곡밥 KOCIS
진달래 화전 정희병과
팥죽 국립국어원
가마솥 Wikimedia Commons
골무 국립민속박물관
김치 픽사베이
간장, 고추장, 된장 한국농수산식품유통공사
다듬이질 국립민속박물관
인두와 인두판 국립민속박물관
장독대의 금줄 국립민속박물관
궁중음식 약과 국립민속박물관
한복 국립민속박물관
한옥 픽사베이

•본책에 수록된 사진 중 e뮤지엄(www.emuseum.go.kr), 국립민속박물관(www.nfm.go.kr), 국가유산청(www.khs.go.kr), 한국농수산식품유통공사 출처의 사진은 공공누리 제1유형으로 개방한 저작물입니다.

>>일러두기

•본 교재에 있는 어휘 풀이의 일부는 <표준국어대사전>을 참고했습니다.